Cahiers libres

Les auteurs

Association Citoyens résistants d'hier et d'aujourd'hui : <www.citoyens-resistants.fr> ;

Emmanuelle HEIDSIECK,
journaliste à Miroirsocial.com et auteur de romans ;

Martine ORANGE,
journaliste à Mediapart.fr ;

Jean-Luc PORQUET (coordination),
journaliste au *Canard enchaîné*.

François RUFFIN,
journaliste, rédacteur en chef du journal *Fakir* et reporter pour l'émission « Là-bas si j'y suis » sur France Inter ;

Olivier VALLADE,
historien.

Citoyens résistants
d'hier et d'aujourd'hui

Les jours heureux

*Le programme
du Conseil national de la Résistance
de mars 1944 :
comment il a été écrit et mis en œuvre,
et comment Sarkozy accélère
sa démolition*

La Découverte
9 *bis*, rue Abel-Hovelacque
75013 Paris

Si vous désirez être tenu régulièrement informé de nos parutions, il vous suffit de vous abonner gratuitement à notre lettre d'information bimensuelle par courriel, à partir de notre site

www.editionsladecouverte.fr

où vous retrouverez l'ensemble de notre catalogue.

ISBN 978-2-7071-6016-4

Avant-propos

Jean-Luc Porquet

« Il s'agit aujourd'hui de sortir de 1945 et de défaire méthodiquement le programme du Conseil national de la Résistance. [...] Le gouvernement s'y emploie. »

Denis KESSLER, ancien vice-président du Medef, 4 octobre 2007.

Il faudrait remercier Nicolas Sarkozy. C'est à cause de son insistance que de simples citoyens, réunis au sein de l'association « Citoyens résistants d'hier et d'aujourd'hui », créée en décembre 2008, sont retournés aux sources. C'est parce que, depuis mai 2007, il est venu trois fois en pèlerinage ostentatoire sur le plateau des Glières, haut lieu de la Résistance en Haute-Savoie, accompagné à chaque fois de cameramen et de porteurs de micros convoqués par ses soins, qu'ils se sont mobilisés. Et qu'ils se sont replongés dans la lecture des *Jours heureux*, le programme du Conseil national de la Résistance publié en mars 1944.

Ce texte est étonnant : il a beau dater de plus de soixante ans, il est toujours jeune. Sans doute parce que ceux qui l'ont écrit l'ont fait au péril de leur vie, dans la clandestinité, et que cette grande œuvre collective a été rédigée et signée à l'unanimité par les représentants des principaux mouvements de résistance et des partis politiques. Sous la botte de l'occupant nazi, les résistants, souvent très jeunes, à la fois héroïques et inconscients, allègres et utopistes, courageux, rêvaient de reconstruire ensemble un monde meilleur, une société nouvelle où soufflerait cet esprit de résistance qui les animait, porteur comme le dit Serge Ravanel « d'une éthique dans la vie sociale, d'une primauté accordée à l'intérêt général, d'un renforcement des droits de l'homme [1] ».

C'est sur la base de ce programme magnifiquement intitulé *Les Jours heureux* que le visage de la France changea radicalement après la Libération. Si l'on parle aujourd'hui encore de l'« exception française », du « modèle social français », c'est parce que notre système social est issu de ce texte fondateur. Créer la Sécurité sociale, qui permet à chacun de cotiser selon ses moyens et d'être soigné selon ses besoins. Faire en sorte que les personnes âgées, après une vie de labeur, puissent toucher une retraite décente. Démocratiser la vie des entreprises en faisant des syndicats des partenaires sociaux à part entière. Offrir aux citoyens un vrai service public, digne de ce nom, avec une vraie fonction publique, digne de ce nom. Construire une presse libre pour que le peuple ne puisse plus être soumis, comme sous le régime vichyste, à des torrents de propagande. Écarter les grandes féodalités économiques et financières de la direction de l'économie...

Or – l'a-t-on remarqué ? – toute la politique de Sarkozy consiste à détruire cette très originale architecture édifiée à la Libération. Denis Kessler, l'ancien maoïste devenu un temps éminence grise du Medef, a d'ailleurs lâché

---

1 Serge RAVANEL, *L'Esprit de résistance*, Seuil, Paris, 1995.

publiquement le morceau, quelques mois après l'élection du président bling-bling : « Les annonces successives des différentes réformes par le gouvernement [de Sarkozy] peuvent donner une impression de patchwork, tant elles paraissent variées, d'importance inégale et de portées diverses : statut de la fonction publique, régimes spéciaux de retraite, refonte de la Sécurité sociale, paritarisme... À y regarder de plus près, on constate qu'il y a une profonde unité à ce programme ambitieux. La liste des réformes ? C'est simple, prenez tout ce qui a été mis en place entre 1944 et 1952, sans exception. Elle est là. Il s'agit aujourd'hui de sortir de 1945 et de défaire méthodiquement le programme du Conseil national de la Résistance [2]. »

Certes, nombre de gouvernements successifs avaient depuis longtemps engagé ce travail de démolition, notamment à partir des années 1980 qui ont vu le triomphe du libéralisme décomplexé à la Thatcher, lequel avait imprégné l'air du temps au point que même les gouvernements socialistes de l'époque n'y avaient pas résisté. On verra, dans la partie centrale de ce livre, intitulée « À bas les jours heureux ! », comment les grandes réalisations issues du programme du CNR – Sécurité sociale, retraites, mise sous contrôle des banques, liberté de la presse, services publics, droit du travail – ont été peu à peu grignotées, avant d'être durement attaquées. On verra aussi comment Sarkozy, même s'il n'est que le continuateur d'une démolition déjà bien engagée, est le premier à la mettre méthodiquement en œuvre, dans le but affiché de la mener à terme. C'est d'ailleurs bien ce que signifie au fond sa promesse d'une « rupture ». Le krach a beau être passé par là, l'obligeant à

---

2 *Challenges*, 4 octobre 2007.

reconnaître publiquement que si la France est l'un des pays qui en ont le moins souffert, c'est justement à cause de ce « modèle français » de protection sociale, il ne démord pas de ses intentions premières.

D'où son acharnement à détourner l'attention. À escamoter le réel. À faire oublier cette soirée du Fouquet's, le soir même de son élection, où il a révélé au grand jour l'étroitesse des liens qu'il entretient avec les P-DG du CAC 40 et des grands médias. D'où son pèlerinage annuel aux Glières : quoi de mieux pour embrouiller les esprits, après avoir évoqué à tout bout de champ de grandes figures de gauche, Jaurès, Blum et Jules Ferry, que de venir s'y « recueillir » ? Sarkozy y est d'abord venu en tant que candidat de la « droite décomplexée », le 4 mai 2007, l'avant-veille du second tour des élections présidentielles : d'entrée de jeu, les choses étaient claires, il ne s'agissait de rien d'autre qu'une opération électorale.

L'année d'après, il est venu tenter de s'y débarrasser de son image de président bling-bling et de « faire président », comme il dit. Raté : Gilles Perret, membre fondateur de l'association CRHA, l'a surpris avec sa caméra en train d'amuser la galerie à coups de « bonnes blagues », en plein cimetière de Morette, là où sont enterrés les maquisards assassinés : de quoi dégonfler illico le prétendu sérieux de l'opération. Puis il est revenu aux Glières fin avril 2009, protégé par un service d'ordre jamais vu sur le plateau, notamment des gendarmes en tenue antiémeutes. Et il reviendra sans doute chaque année, comme il l'a promis.

Le but de ce « pèlerinage » hypermédiatisé ? Brouiller les pistes et les analyses. Désarmer les critiques. Tenter, tout en s'affichant comme l'homme de la « rupture », d'apparaître comme l'héritier de la Résistance et de son programme. Pure imposture, évidemment. Et vrai détournement de mémoire.

Pourquoi republier aujourd'hui *Les Jours heureux* ? Pour que chacun puisse juger sur pièces. Pour rappeler les valeurs de la Résistance, toujours d'actualité mais aujourd'hui menacées. Parce que, après avoir organisé aux Glières, sous le parrainage de l'ancien résistant et déporté Stéphane Hessel et de Raymond Aubrac (lui aussi ancien résistant et commissaire de la République à Marseille en 1944), des rassemblements dignes et pacifiques, les « Citoyens résistants d'hier et d'aujourd'hui » ont jugé éclairant de montrer les contradictions entre les postures du président et son action réelle, en mobilisant dans ce but les rédacteurs de cet ouvrage. Et parce que – ils nous y invitent aujourd'hui –, face à cette entreprise de démolition systématique, il faut imaginer des voies nouvelles et de nouvelles résistances. Et des jours à nouveau heureux.

I

Les jours heureux

RÉPUBLIQUE FRANÇAISE

LES JOURS HEUREUX PAR LE C.N.R.

Titre de la première édition clandestine parue le 24 mars 1944

PROGRAMME DU CONSEIL NATIONAL DE LA RESISTANCE (C.N.R.)

Deuxième édition : programme adopté dans la clandestinité, le 15 mars 1944, par l'ensemble des *"représentants des organisations de résistance, des centrales syndicales et des partis ou tendances politiques groupés au sein du C.N.R."*, dont le premier Président fut Jean Moulin.

Facsimilé de couverture de la deuxième édition du *Programme du Conseil national de la Résistance (CNR)*.

1

*Programme du Conseil national de la Résistance**

Née de la volonté ardente des Français de refuser la défaite, la Résistance n'a pas d'autre raison d'être que la lutte quotidienne sans cesse intensifiée.

Cette mission de combat ne doit pas prendre fin à la Libération. Ce n'est, en effet, qu'en regroupant toutes ses forces autour des aspirations quasi unanimes de la Nation, que la France retrouvera son équilibre moral et social et redonnera au monde l'image de sa grandeur et la preuve de son unité.

Aussi les représentants des organisations de la Résistance, des centrales syndicales et des partis ou tendances politiques groupés au sein du CNR, délibérant en assemblée plénière le 15 mars 1944, ont-ils décidé de s'unir sur le programme suivant, qui

* Première publication : 24 mars 1944, sous le titre *Les Jours heureux, par le CNR. Programme du Conseil national de la Résistance (CNR).*

comporte à la fois un plan d'action immédiate contre l'oppresseur et les mesures destinées à instaurer, dès la libération du territoire, un ordre social plus juste.

I. Plan d'action immédiate

Les représentants des organisations de Résistance, des centrales syndicales et des partis ou tendances politiques groupés au sein du CNR

Expriment leur angoisse devant la destruction physique de la Nation que l'oppresseur hitlérien poursuit avec l'aide des hommes de Vichy, par le pillage, par la suppression de toute production utile aux Français, par la famine organisée, par le maintien dans les camps d'un million de prisonniers, par la déportation d'ouvriers au nombre de plusieurs centaines de milliers, par l'emprisonnement de 300 000 Français et par l'exécution des patriotes les plus valeureux, dont déjà plus de 50 000 sont tombés pour la France.

Ils proclament leur volonté de délivrer la patrie en collaborant étroitement aux opérations militaires que l'armée française et les armées alliées entreprendront sur le continent, mais aussi de hâter cette libération, d'abréger les souffrances de notre peuple, de sauver l'avenir de la France en intensifiant sans cesse et par tous les moyens la lutte contre l'envahisseur et ses agents, commencée dès 1940.

Ils adjurent les gouvernements anglais et américain de ne pas décevoir plus longtemps l'espoir et la confiance que la France, comme tous les peuples opprimés de l'Europe, a placés dans leur volonté d'abattre l'Allemagne nazie, par le déclenchement d'opérations militaires de grande envergure qui assureront, aussi vite que possible, la libération des territoires envahis et permettront ainsi aux Français qui sont sur notre sol de se joindre aux armées alliées pour l'épreuve décisive.

Ils insistent auprès du Comité français de la libération nationale pour qu'il mette tout en œuvre afin d'obtenir les armes nécessaires et de les mettre à la disposition des patriotes. Ils constatent que les Français qui ont su organiser la Résistance ne veulent pas et d'ailleurs ne peuvent pas se contenter d'une attitude passive dans l'attente d'une aide extérieure, mais qu'ils veulent faire la guerre, qu'ils veulent et qu'ils doivent développer leur Résistance armée contre l'envahisseur et contre l'oppresseur.

Ils constatent, en outre, que la Résistance française doit ou se battre ou disparaître ; qu'après avoir agi de façon défensive, elle a pris maintenant un caractère offensif et que seuls le développement et la généralisation de l'offensive des Français contre l'ennemi lui permettront de subsister et de vaincre.

Ils constatent enfin que la multiplication des grèves, l'ampleur des arrêts de travail le 11 novembre qui, dans beaucoup de cas, ont été réalisés dans l'union des patrons et des ouvriers, l'échec infligé au plan de déportation des jeunes Français en Allemagne, le magnifique combat que mènent tous les jours, avec l'appui des populations, dans les Alpes, dans le Massif central, dans les Pyrénées et dans les Cévennes, les jeunes Français des maquis, avant-garde de l'armée de la Libération, démontrent avec éclat que notre peuple est tout entier engagé dans la lutte et qu'il doit poursuivre et accroître cette lutte.

En conséquence, les représentants des organisations de Résistance, des centrales syndicales et des partis ou tendances politiques groupés au sein du CNR

Déclarent que c'est seulement par l'organisation, l'intensification de la lutte menée par les forces armées, par les organisations constituées, par les masses, que pourra être réalisée l'union véritable de toutes les forces patriotiques pour la réalisation de la libération nationale inséparable, comme l'a dit le général de Gaulle, de l'insurrection nationale qui, ainsi préparée, sera dirigée par le CNR, sous l'autorité du CFLN, dès que les circonstances politiques et militaires permettront d'assurer, même au prix de lourds sacrifices, son succès.

Ils ont l'espoir que les opérations de la Libération du pays, prévues par le plan de l'état-major interallié, pourront ainsi être, le cas échéant, avancées grâce à l'aide apportée par les Français dans la lutte engagée contre l'ennemi commun, ainsi que l'a démontré l'exemple glorieux des patriotes corses.

Ils affirment solennellement que la France qui, malgré l'armistice, a poursuivi sans trêve la guerre, entend plus que jamais développer la lutte pour participer à la Libération et à la victoire.

Pour mobiliser les ressources immenses d'énergie du peuple français, pour les diriger vers l'action salvatrice dans l'union de toutes les volontés, le CNR décide d'inviter les responsables des organisations déjà existantes à former des comités de villes et de villages, d'entreprises, par la coordination des formations qui existent actuellement, par la formation de comités là où rien n'existe encore et à enrôler les patriotes non organisés.
Tous ces comités seront placés sous la direction des comités départementaux de la Libération (CDL). Ils seront soumis à l'autorité des CDL qui leur transmettront, comme directives, la plate-forme d'action et la ligne politique déterminée par le CNR.
Le but de ces comités sera, à l'échelon communal, local et d'entreprise, de faire participer de façon effective tous les Français à la lutte contre l'ennemi et contre ses agents de Vichy, aussi bien par la solidarité et l'assistance active à l'égard des patriotes sous l'impulsion et le soutien donnés aux revendications vitales de notre peuple. Par-dessus tout, leur tâche essentielle sera de mobiliser et d'entraîner les Français qu'ils auront su grouper à l'action armée pour la Libération.
Ces comités devront, selon les circonstances et en se conformant aux instructions données par les CDL, appuyer et guider toutes les actions menées par les Français contre toutes les formes d'oppression et d'exploitation imposées par l'ennemi, de l'extérieur et de l'intérieur.

Ces comités devront :

1) développer la lutte contre la déportation et aider les réfractaires à se cacher, à se nourrir, à se vêtir et à se défendre, enlevant ainsi des forces à l'ennemi et augmentant le potentiel humain de la Résistance ;

2) traquer et punir les agents de la Gestapo et de la Milice de Darnand ainsi que les mouchards et les traîtres ;

3) développer l'esprit de lutte effective en vue de la répression des nazis et des fascistes français ;

4) développer, d'une part, la solidarité envers les emprisonnés et déportés ; d'autre part, la solidarité envers les familles de toutes les victimes de la terreur hitlérienne et vichyssoise ;

5) en accord avec les organisations syndicales résistantes, combattre pour la vie et la santé des Français pour une lutte quotidienne et incessante, par des pétitions, des manifestations et des grèves, afin d'obtenir l'augmentation des salaires et traitements, bloqués par Vichy et les Allemands, et des rations alimentaires et attributions de produits de première qualité, réduites par la réglementation de Vichy et les réquisitions de l'ennemi, de façon à rendre à la population un minimum de vital en matière d'alimentation, de chauffage et d'habillement ;

6) défendre les conditions de vie des anciens combattants, des prisonniers, des femmes de prisonniers, en organisant la lutte pour toutes les revendications particulières ;

7) mener la lutte contre les réquisitions de produits

agricoles, de matières premières et d'installations industrielles pour le compte de l'ennemi ; saboter et paralyser la production destinée à l'ennemi et ses transports par route, par fer et par eau ;

8) défendre à l'intérieur de la corporation agricole les producteurs contre les prélèvements excessifs, contre les taxes insuffisantes, et lutter pour le remplacement des syndicats à la solde de Vichy et de l'Allemagne par des paysans dévoués à la cause de la paysannerie française.

Tout en luttant de cette façon et grâce à l'appui de solidarité et de combativité que développe cette lutte, les comités de villes, de villages et d'entreprises devront en outre :

a) renforcer les organisations armées des Forces françaises de l'Intérieur par l'accroissement des groupes de patriotes : groupes francs, francs-tireurs et partisans, recrutés en particulier parmi les réfractaires ;

b) en accord avec les états-majors nationaux, régionaux et départementaux des FFI, organiser des milices patriotiques dans les villes, les campagnes et les entreprises, dont l'encadrement sera facilité par des ingénieurs, techniciens, instituteurs, fonctionnaires et cadres de réserve, et qui sont destinées à défendre l'ordre public, la vie et les biens des Français contre la terreur et la provocation, assurer et maintenir l'établissement effectif de l'autorité des comités départementaux de la Libération sur tout ce qui aura été ou sera créé dans ce domaine pour le strict rattachement aux FFI, dont l'autorité et la discipline doivent être respectées par tous.

Pour assurer la pleine efficacité des mesures énoncées ci-dessus, le CNR prescrit que l'état-major national des Forces françaises de l'Intérieur, tout en préparant minutieusement la coopération avec les Alliés en cas de débarquement, doit :

1) donner ordre à toutes les formations des FFI de combattre dès maintenant l'ennemi en harcelant ses troupes, en paralysant ses transports, ses communications et ses productions de guerre, en capturant ses dépôts d'armes et de munitions afin d'en pourvoir les patriotes encore désarmés ;

2) faire distribuer les dépôts d'armes encore inutilisés aux formations jugées par lui les plus aptes à se battre utilement dès à présent et dans l'avenir immédiat ;

3) organiser de façon rationnelle la lutte suivant un plan établi avec les autorités compétentes à l'échelon régional, départemental ou local, pour obtenir le maximum d'efficacité ;

4) coordonner l'action militaire avec l'action de Résistance de la masse de la Nation en proposant pour but aux organisations régionales paramilitaires d'appuyer et de protéger les manifestations patriotiques, les mouvements revendicatifs des femmes de prisonniers, des paysans et des ouvriers contre la police hitlérienne, d'empêcher les réquisitions de vivres et d'installations industrielles, les rafles organisées contre les réfractaires et les ouvriers en grève et défendre la vie et la liberté de tous les Français contre la barbare oppression de l'occupant provisoire.

Ainsi, par l'application des décisions du présent programme d'action commune, se fera, dans l'action, l'union étroite de tous les patriotes, sans distinction d'opinions politiques, philosophiques ou religieuses. Ainsi se constituera dans la lutte une armée expérimentée, rompue au combat, dirigée par des cadres éprouvés devant le danger, une armée capable de jouer son rôle lorsque les conditions de l'insurrection nationale seront réalisées, armée qui élargira progressivement ses objectifs et son armement.
Ainsi, par l'effort et les sacrifices de tous, sera avancée l'heure de la libération du territoire national ; ainsi la vie de milliers de Français pourra être sauvée et d'immenses richesses pourront être préservées.
Ainsi dans le combat se forgera une France plus pure et plus forte, capable d'entreprendre au lendemain de la Libération la plus grande œuvre de reconstruction et de rénovation de la patrie.

II. Mesures à appliquer dès la libération du territoire

Unis quant au but à atteindre, unis quant aux moyens à mettre en œuvre pour atteindre ce but qui est la libération rapide du territoire, les représentants des mouvements, groupements, partis ou tendances politiques groupés au sein du CNR proclament qu'ils sont décidés à rester unis après la Libération.

1) Afin d'établir le gouvernement provisoire de la République formé par le général de Gaulle pour défendre l'indépendance politique et économique de la Nation, rétablir la France dans sa puissance, dans sa grandeur et dans sa mission universelle.

2) Afin de veiller au châtiment des traîtres et à l'éviction dans le domaine de l'administration et de la vie professionnelle de tous ceux qui auront pactisé avec l'ennemi ou qui se seront associés activement à la politique des gouvernements de collaboration.

3) Afin d'exiger la confiscation des biens des traîtres et des trafiquants de marché noir, l'établissement d'un impôt progressif sur les bénéfices de guerre et plus généralement sur les gains réalisés au détriment du peuple et de la Nation pendant la période d'occupation, ainsi que la confiscation de tous les biens ennemis, y compris les participations acquises depuis l'armistice par les gouvernements de l'Axe et par leurs ressortissants dans les entreprises françaises et coloniales de tout ordre, avec constitution de ces participations en patrimoine national inaliénable.

4) Afin d'assurer :

– l'établissement de la démocratie la plus large en rendant la parole au peuple français par le rétablissement du suffrage universel ;

– la pleine liberté de pensée, de conscience et d'expression ;

– la liberté de la presse, son honneur et son indépendance à l'égard de l'État, des puissances d'argent et des influences étrangères ;
– la liberté d'association, de réunion et de manifestation ;
– l'inviolabilité du domicile et le secret de la correspondance ;
– le respect de la personne humaine ;
– l'égalité absolue de tous les citoyens devant la loi ;
5) Afin de promouvoir les réformes indispensables :
a) sur le plan économique :
– l'instauration d'une véritable démocratie économique et sociale, impliquant l'éviction des grandes féodalités économiques et financières de la direction de l'économie ;
– une organisation rationnelle de l'économie assurant la subordination des intérêts particuliers à l'intérêt général et affranchie de la dictature professionnelle instaurée à l'image des États fascistes ;
– l'intensification de la production nationale selon les lignes d'un plan arrêté par l'État après consultation des représentants de tous les éléments de cette production ;
– le retour à la Nation des grands moyens de production monopolisés, fruit du travail commun, des sources d'énergie, des richesses du sous-sol, des compagnies d'assurances et des grandes banques ;
– le développement et le soutien des coopératives de production, d'achats et de ventes, agricoles et artisanales ;

– le droit d'accès, dans le cadre de l'entreprise, aux fonctions de direction et d'administration pour les ouvriers possédant les qualifications nécessaires, et la participation des travailleurs à la direction de l'économie ;

b) sur le plan social :

– le droit au travail et le droit au repos, notamment par le rétablissement et l'amélioration du régime contractuel du travail ;

– un rajustement important des salaires et la garantie d'un niveau de salaire et de traitement qui assure à chaque travailleur et à sa famille la sécurité, la dignité et la possibilité d'une vie pleinement humaine ;

– la garantie du pouvoir d'achat national par une politique tendant à la stabilité de la monnaie ;

– la reconstitution, dans ses libertés traditionnelles, d'un syndicalisme indépendant, doté de larges pouvoirs dans l'organisation de la vie économique et sociale ;

– un plan complet de sécurité sociale, visant à assurer à tous les citoyens des moyens d'existence, dans tous les cas où ils sont incapables de se les procurer par le travail, avec gestion appartenant aux représentants des intéressés et de l'État ;

– la sécurité de l'emploi, la réglementation des conditions d'embauchage et de licenciement, le rétablissement des délégués d'atelier ;

– l'élévation et la sécurité du niveau de vie des travailleurs de la terre par une politique de prix agricoles rémunérateurs, améliorant et généralisant l'expérience de l'Office du blé, par une législation sociale accordant aux salariés agricoles les mêmes droits qu'aux salariés de l'industrie, par un système d'assurance contre les calamités agricoles, par l'établissement d'un juste statut du fermage et du métayage, par des facilités d'accession à la propriété pour les jeunes familles paysannes et par la réalisation d'un plan d'équipement rural ;

– une retraite permettant aux vieux travailleurs de finir dignement leurs jours ;

– le dédommagement des sinistrés et des allocations et pensions pour les victimes de la terreur fasciste.

c) Une extension des droits politiques, sociaux et économiques des populations indigènes et coloniales.

d) La possibilité effective pour tous les enfants français de bénéficier de l'instruction et d'accéder à la culture la plus développée quelle que soit la situation de fortune de leurs parents, afin que les fonctions les plus hautes soient réellement accessibles à tous ceux qui auront les capacités requises pour les exercer et que soit ainsi promue une élite véritable, non de naissance mais de mérite, et constamment renouvelée par les apports populaires.

Ainsi sera fondée une République nouvelle qui balaiera le régime de basse réaction instauré par Vichy et qui rendra aux institutions démocratiques et populaires l'efficacité que leur avaient fait perdre

les entreprises de corruption et de trahison qui ont précédé la capitulation. Ainsi sera rendue possible une démocratie qui unisse au contrôle effectif exercé par les élus du peuple la continuité de l'action gouvernementale.
L'union des représentants de la Résistance pour l'action dans le présent et dans l'avenir, dans l'intérêt supérieur de la patrie, doit être pour tous les Français un gage de confiance et un stimulant. Elle doit les inciter à éliminer tout esprit de particularisme, tout ferment de division qui pourraient freiner leur action et ne servir que l'ennemi.

En avant donc, dans l'union de tous les Français rassemblés autour du CFLN et de son président, le général de Gaulle !
En avant pour le combat, en avant pour la victoire, afin que VIVE LA FRANCE !

Le Conseil national de la Résistance.

2

Le programme du CNR : un acte et un héritage

Olivier Vallade

Bien plus qu'une publication clandestine supplémentaire, le texte appelé d'abord *Programme d'action de la Résistance*, puis *Programme du CNR*, est l'un des actes majeurs qui ont non seulement guidé la libération du territoire français en 1944, mais qui ont inspiré des mesures essentielles adoptées par le gouvernement entre 1944 et 1946. Le préambule du programme évoque lui-même l'instauration d'une « démocratie économique et sociale ». Comment ce texte a-t-il pu acquérir une telle légitimité, quelle a été sa genèse, que préconisait-il exactement et comment les mesures qu'il proposait se sont-elles concrétisées à la Libération ?

Une lumière dans les Années noires

Le CNR : des résistances à la Résistance

Novembre 1942 : le débarquement des troupes américaines en Afrique du Nord marque un tournant dans la guerre, puisqu'il entraîne l'invasion de la Zone sud par les Allemands et une joute entre de Gaulle et les Alliés pour le contrôle d'Alger. La victoire soviétique à Stalingrad en février 1943 ancre dans l'opinion et chez les Alliés la conviction que les nazis ne sont pas invincibles.

C'est dans ce contexte, qui permet d'envisager la victoire de la France libre, que le général de Gaulle missionne Jean Moulin en mars 1943 pour unifier en son nom les différents mouvements de résistance de métropole. Ce jeune préfet d'Eure-et-Loir – il a alors 42 ans –, révoqué par Vichy pour avoir refusé de plier à des injonctions allemandes concernant le sort des tirailleurs sénégalais, avait déjà commencé en 1941 à contacter les responsables des mouvements de Zone nord en vue d'une coordination de leurs actions.

Cette mission doit répondre à plusieurs objectifs pour la France combattante : assurer la coordination des actions sur tout le territoire en vue de la Libération ; assurer à un futur gouvernement provisoire une assise politique solide vis-à-vis de l'opinion ; éviter que le Parti communiste n'ait des velléités hégémoniques vis-à-vis d'autres mouvements qui n'ont pas son expérience organisationnelle ; donner à de Gaulle le soutien de la Résistance intérieure, au moment où il est engagé dans un bras de fer avec les Alliés, lesquels restent relativement bienveillants à l'égard du régime de Vichy et souhaiteraient voir le général Henri Giraud prendre la tête de la France libre. L'enjeu est de taille. Il s'agit pour Jean Moulin d'unir les mouvements de la Zone nord et de la Zone sud, et aussi d'unir les résistants de toutes appartenances politiques : des communistes à ceux de cette (petite) partie de la droite qui ne s'est pas compromise dans la collaboration.

La question du ralliement des partis politiques dans un futur Conseil fait alors débat : beaucoup de résistants y sont hostiles, car ils y voient le reliquat d'une IIIe République qui avait mal fini. Henri Frenay, responsable du mouvement Combat, est farouchement opposé à leur présence, mais de Gaulle y tient car, malgré les jeux d'intrigues politiciennes qui ont, à la fin des années 1930, déconsidéré la IIIe République, ils demeurent des repères idéologiques forts pour la majorité de la population, contrairement aux mouvements clandestins. Vis-à-vis des Alliés, ce ralliement des partis « classiques » de la vie politique française doit être un gage de légitimité supplémentaire. Aucun parti de droite n'est entré dans la clandestinité, ce qui ne veut pas dire que certains de leurs anciens adhérents n'aient pu s'engager dans la Résistance.

Quant aux mouvements de résistance, expliquera en 2007 Robert Chambeiron, né en 1915, l'un des derniers rédacteurs du programme du CNR (et toujours en vie en 2010) : « Il y avait beaucoup de candidats, mais comme on ne pouvait pas réunir tout le monde, le parti fut pris de s'en tenir aux huit mouvements les plus représentatifs [1]. »

Après de nombreux contacts, Jean Moulin réussit à organiser la première réunion clandestine du Conseil de la Résistance (qui ne deviendra « national » qu'en novembre 1943) : elle a lieu le 27 mai 1943, dans un appartement du 48 rue du Four à Paris. Dix-huit hommes participent à cette réunion. Jean Moulin et deux de ses collaborateurs, Pierre Meunier et Robert Chambeiron – tous trois ont des liens d'amitié pour

1 Interview de Robert Chambeiron réalisée par les « Ami(e)s de la Résistance » (ANACR), mai 2007, <http://citoyen.morenon.fr/ZCi-CNR-Chambeiron.html>.

avoir appartenu durant le Front populaire à l'équipe de Pierre Cot, alors ministre de l'Air du gouvernement Blum. Huit représentants de mouvements de résistance des Zones nord et sud (lesquels regroupaient des femmes et des hommes de toutes appartenances politiques) : Pierre Villon pour le Front national (rien à voir avec celui de Le Pen !), Roger Coquoin pour « Ceux de la Libération », Jacques Lecompte-Boinet pour « Ceux de la Résistance », Jacques-Henri Simon pour l'Organisation civile et militaire (OCM), Charles Laurent pour Libération-Nord, Pascal Copeau pour Libération-Sud, Claude Bourdet pour Combat, Eugène Claudius-Petit pour Franc-Tireur. Deux représentants syndicaux : Louis Saillant pour la CGT, réunifiée en 1942, et Gaston Tessier pour la CFTC. Et six représentants des partis politiques traditionnels : André Mercier pour le Parti communiste, André Le Troquer pour la SFIO (socialiste), Marc Rucart pour les radicaux, Georges Bidault pour les démocrates-chrétiens, Joseph Laniel pour l'Alliance démocratique, Jacques Debu-Bridel pour la Fédération républicaine.

Laissons Robert Chambeiron évoquer le déroulement de cette rencontre : « La réunion fut relativement brève. Sécurité oblige. Jean Moulin rappela les buts de la France combattante tels que les avaient définis de Gaulle. Le représentant des chrétiens-démocrates Georges Bidault présenta une motion qui, après échange de vues, fut adoptée à l'unanimité et qui soulignait notamment la volonté de la Résistance de voir se constituer à Alger un gouvernement présidé par le général de Gaulle. On a écrit beaucoup de choses sur l'âpreté des discussions. En fait, tout se déroula dans une atmosphère d'unité patriotique et de dignité [2]. » Ainsi se fait

2 *Ibid.*

le passage des résistances à la Résistance. Cette union ne faillira pas jusqu'à la Libération. Que, sous la botte nazie, des hommes d'appartenances très diverses aient réussi à s'accorder sur l'essentiel donnera aux positions du CNR une puissante assise et un fort retentissement.

Pour de Gaulle, ce ralliement va être décisif, notamment parce qu'il marginalise Giraud : le 3 juin 1943, la création à Alger du Comité français de libération nationale (CFLN, organisme gouvernemental au sein duquel fusionnent les deux autorités françaises participant à la guerre avec les Alliés, le Comité national français de Londres, dirigé par de Gaulle, et le Commandement civil et militaire d'Alger, dirigé par Giraud) consacre de Gaulle comme seul chef reconnu à la fois par les Alliés, par les Français engagés dans les combats en dehors de la métropole et par la Résistance intérieure.

Mais à peine celle-ci est-elle unifiée qu'un drame terrible la frappe : le 21 juin 1943 à Caluire, dans la banlieue de Lyon, Jean Moulin est arrêté par la Gestapo, ainsi que plusieurs responsables de la Résistance. Tandis que Moulin, interrogé par Klaus Barbie, torturé, meurt le 8 juillet dans le train qui l'emmenait vers de nouveaux interrogatoires en Allemagne, Georges Bidault lui succède à la tête du CNR : chrétien-démocrate, il est gage de modération au sein des différentes tendances du Conseil.

La décision de se doter d'un texte qui constitue une « feuille de route » pour la suite des événements naît alors de deux nécessités. D'abord s'organiser face à l'intensification des activités de résistance sur tout le territoire au cours du second semestre de 1943, liée entre autre à l'afflux des réfractaires au Service du travail obligatoire dans les maquis et à l'intensification de la répression. Mais aussi faire écho aux débats de l'Assemblée constituante mise en place à Alger en novembre 1943, laquelle travaille également sur le devenir du pays au sortir de la guerre.

Des programmes au programme [3]

Il n'est qu'à lire les innombrables feuilles et journaux clandestins pour se convaincre que les différents courants de la Résistance n'ont pas attendu la création du CNR pour ébaucher des plans d'action immédiate et des réflexions sur une société future. La volonté de se libérer de l'occupant et du régime de Vichy va souvent de pair avec le rêve d'une société politique, économique et sociale plus juste, principalement porté par des femmes et des hommes des jeunes générations (la plupart ont entre 20 et 40 ans).

De Gaulle lui-même est animé de ce désir de rénovation. Il l'exprime par exemple dans son discours du 3 novembre 1943 à l'Assemblée consultative, à la veille de ses 53 ans : « La France veut que cesse un régime économique dans lequel les grandes sources de la richesse nationale échappaient à la nation, où les activités principales de la production et de la répartition se dérobaient à son contrôle, où la conduite des entreprises excluait la participation des organisations de travailleurs et de techniciens, dont cependant elle dépendait. Il ne faut plus qu'on puisse trouver un homme ni une femme qui ne soient assurés de vivre et de travailler dans des conditions honorables de salaire, d'alimentation, d'habitation, de loisirs, d'hygiène, et d'avoir accès au savoir et à la culture. »

---

3 Pour un historique complet de la rédaction du texte et de sa mise en œuvre à la Libération, voir l'ouvrage de référence de Claire ANDRIEU, *Le Programme commun de la Résistance. Des idées dans la guerre*, Les Éditions de l'érudit, Paris, 1984.

La création du CNR, sous couvert d'union, ne fait qu'intensifier la production de textes allant dans ce sens. Le programme adopté le 15 mars 1944 apparaît ainsi comme un aboutissement, après neuf mois de discussions et pas moins de cinq projets étudiés. Il revient au Comité d'action socialiste d'avoir rédigé les premiers textes préfigurant le programme adopté au printemps 1944. Son organe *Le Populaire* propose ainsi en janvier-février 1943 à ses lecteurs un texte intitulé « Notre programme ».

En juillet, André Philip, membre de la SFIO et commissaire national à l'Intérieur, soumet un texte qui sera le premier à être examiné par le CNR. Il est rejeté par les représentants des droites et les communistes, mais c'est le signe de l'interaction entre le CFLN et le CNR dans la construction du projet. En août, c'est au tour de la CGT de présenter un « programme d'action », avant que, en novembre 1943, le Front national ne propose son « projet d'une charte de la Résistance ». Ces différents textes feront l'objet de débats entre les communistes et les socialistes. Les premiers veulent mettre l'accent sur l'action immédiate à mettre en œuvre pour gagner la guerre, tandis que les seconds insistent sur les mesures économiques et sociales à prendre à la Libération. Le texte proposé par le Front national constitue un compromis entre ces deux tendances, et le programme définitif s'en rapproche sensiblement, même s'il ne faudra pas moins de trois allers-retours avec le bureau du CNR avant d'aboutir au texte final.

Déjà, il est important de le noter, dans chacun de ces textes sont envisagés l'avant *et* l'après-Libération. Les deux sont consubstantiels pour les résistants, comme si leur combat n'avait pas de borne temporelle. Les deux premières phrases du préambule du texte finalement adopté en mars 1944 sont on ne peut plus claires à ce sujet : « Née de la volonté ardente des Français de refuser la défaite, la Résistance n'a pas d'autre raison d'être que la lutte quotidienne sans cesse intensifiée. Cette mission de combat ne doit pas prendre fin à la Libération. Ce n'est, en effet, qu'en regroupant toutes ses forces autour des aspirations quasi unanimes de la Nation que la France retrouvera son équilibre moral et social et redonnera au monde l'image de sa grandeur et la preuve de son unité. » De même, le choix du titre initial n'est pas innocent : « Programme d'action de la Résistance ». Bien plus qu'une charte qui pourrait s'apparenter à une simple déclaration d'intention, il s'agit d'envisager étape par étape la marche vers la Libération et vers une démocratie économique et sociale, le tout par des mesures concrètes.

Se plaçant explicitement sous l'autorité de De Gaulle, ce texte de compromis acquiert une double légitimité qui pèsera lourd lorsque viendra le moment d'appliquer les mesures qu'il préconise : adopté le 15 mars 1944 au terme de neuf mois de discussion, à l'unanimité des membres du CNR qui ont réussi à surmonter leurs divergences politiques, il a été pensé, rédigé, signé dans la clandestinité, sur le territoire métropolitain, par une poignée de résistants qui ont risqué leur vie à de multiples reprises, lors des nombreux échanges de documents et réunions.

Une diffusion clandestine, mais multiforme

Le programme est diffusé entre mars et août 1944. Les mouvements regroupés au sein des MUR (Mouvements unis de la Résistance, regroupant Libération-Sud, Combat et Franc-Tireur) le reproduisent en tout ou partie dans leurs feuilles clandestines. *Combat* et *Franc-Tireur* le reprennent partiellement, ainsi que *L'École laïque*, organe du Front national. *Libération* de mai 1944 le présente intégralement sous le titre « Programme d'action de la Résistance ». Il en est de même pour le journal *Action*. En revanche, ni *L'Humanité*, ni *Le Populaire*, ni *Résistance*, ni *Défense de la France*, qui sont de grands titres de la presse clandestine, n'en font état.

Il est également diffusé sous forme de tracts. C'est l'option choisie par le Parti communiste, qui publie en mai 1944 une feuille intitulée *Le Parti communiste français présente le programme d'action de la Résistance au peuple de France*. Mais c'est sans doute Libération-Sud qui diffuse l'édition la plus célèbre du texte. En mai 1944, le mouvement fait tirer à l'imprimerie Lions et Azzaro de Toulon 200 000 brochures du programme du CNR, avec en page de garde le titre *Les Jours heureux par le CNR*. Pourquoi ce titre ? Il s'agit d'une initiative personnelle de Jules Meurillon, *alias* Julien, patron de la propagande-diffusion de Libération-Sud, qui dit s'être inspiré du film éponyme réalisé en 1941 par Jean de Marguenat, lui-même tiré d'une pièce de théâtre de Claude-André Puget, qui connut un très grand succès en 1938 (elle fut jouée plus de mille fois au Théâtre Michel à Paris) [4].

Cette pièce dépeint les aventures sentimentales de quelques adolescents livrés à eux-mêmes dans une propriété familiale : Bernard est amoureux de la petite Pernette, tandis que Marianne aime Olivier, qui joue les indifférents ; pour le rendre jaloux, Marianne et Pernette

---

4 Ces informations sont tirées du livre publié à compte d'auteur par Jules MEURILLON, *Julien Léonard, un résistant ordinaire éditeur clandestin de Libération (1940-1945)*, Morlaix, 2000.

inventent le personnage d'un jeune aviateur, très épris de Marianne. Un soir, quelqu'un frappe à la porte. On ouvre : apparaît un jeune pilote semblable en tout point à celui imaginé par les deux jeunes filles... Bien que cette pièce (où la jeunesse est très présente, comme dans la Résistance) décrive à sa manière l'apprentissage de la liberté, il semble plutôt que ce soit le titre qui ait inspiré Jules Meurillon. Répondant, par son caractère un peu vague, aux nécessaires précautions voulues par la clandestinité, il résume à lui seul l'état d'esprit des auteurs du programme : leur espoir d'une libération prochaine et d'une société plus juste.

Une première partie mal connue, mais déterminante

Lorsque l'on parle du programme aujourd'hui, c'est surtout pour mettre l'accent sur la seconde partie du texte, concernant les mesures à appliquer à la Libération. Mais on aurait tort de faire l'impasse sur la partie précédente, plus longue et conjoncturelle, mais déterminante pour les résistants. D'autant plus que les éléments qu'elle contient ne manquent pas d'intérêt pour comprendre la marche vers la Libération entre mars et l'été 1944. Sa mise en œuvre a d'ailleurs continué à agiter des débats entre communistes et socialistes jusqu'à la Libération. On peut décliner le contenu de cette première partie en plusieurs points.

Des constats : celui de la réalité de l'Occupation, de la collaboration et de la répression (exécutions, emprisonnement, déportation). Celui de la montée en puissance de la Résistance, avec la multiplication des grèves, les arrêts de travail lors des dates symboliques comme le 1er mai, le 14 juillet et le 11 novembre, l'échec du STO, et aussi le

« magnifique combat que mènent tous les jours, avec l'appui des populations, dans les Alpes, dans le Massif central, dans les Pyrénées et dans les Cévennes, les jeunes Français des maquis, avant-garde de l'armée de la Libération », qui « démontrent avec éclat que notre peuple est tout entier engagé dans la lutte et qu'il doit poursuivre et accroître cette lutte ». Ces lignes font notamment écho, en ce mois de mars 1944, aux manifestations du 11 novembre 1943 à Oyonnax et Grenoble et aux combats du plateau des Glières, symbole du passage des maquis à la lutte armée.

Un engagement résolument activiste : les Français ne doivent pas se contenter d'attendre leur salut d'une aide extérieure, mais doivent « développer leur résistance armée contre l'envahisseur et contre l'oppresseur ».

Une volonté de combattre aux côtés des Alliés, tout en conservant une autonomie décisionnelle quant à l'organisation de la Résistance. D'autant plus que la perspective d'un débarquement en Europe, dans la foulée de celui d'Afrique du Nord, se fait de plus en plus pressante. Les rédacteurs du programme du CNR « proclament leur volonté de délivrer la patrie en collaborant étroitement aux opérations militaires que l'armée française et les armées alliées entreprendront sur le continent, mais aussi de hâter cette libération ». Et ils adjurent les Alliés de déclencher des « opérations militaires de grande envergure ».

Une aspiration à l'organisation en positionnant le CNR comme acteur essentiel dans la logistique : « La libération nationale [est] inséparable, comme l'a dit le général de Gaulle, de l'insurrection nationale qui, ainsi préparée, sera dirigée par le CNR, sous l'autorité du CFLN, dès que les circonstances politiques et militaires permettront d'assurer, même au prix de lourds sacrifices, son succès. » Le Comité français de libération nationale est sollicité pour faire parvenir des armes, demande qui constitue d'ailleurs un des grands leitmotive de la Résistance auprès de Londres et des Alliés. Et cette demande va aller croissant jusqu'à la Libération. En réalité, les rapports entre le CNR et le CFLN seront parfois tendus.

Dans l'organisation pyramidale ainsi instituée, CFLN, CNR, CDL (comités départementaux de la Libération), ces derniers, au plus petit échelon, seront déterminants : « Le but de ces comités sera, à l'échelon communal, local et d'entreprise, de faire participer de façon effective tous les Français à la lutte contre l'ennemi et contre ses agents de Vichy. » Ils ne feront que refléter ce qu'a été la réalité de la Résistance depuis 1940 : une dynamique essentiellement basée sur le local. Un fait suffisamment rare dans l'histoire de France pour qu'il mérite d'être souligné... Les CDL joueront bien un rôle déterminant dans l'organisation des combats de l'été 1944, avec évidemment des réalités différentes d'un point à l'autre de l'Hexagone. Le programme décline de façon assez détaillée les prérogatives de ces comités : ils doivent aider les réfractaires au STO, traquer les agents de la Gestapo et de la Milice, aider les emprisonnés, les déportés et les familles de toutes les victimes de la terreur hitlérienne et vichyssoise, lancer avec les organisations syndicales résistantes des pétitions, des manifestations et des grèves, pour améliorer la vie quotidienne de la population, saboter la production destinée à l'ennemi, défendre les paysans contre les prélèvements excessifs, etc.

Une finalité clairement orientée vers la lutte armée, en s'appuyant sur les FFI (Forces françaises de l'Intérieur, nom générique donné à l'ensemble des groupements militaires de la Résistance), qui devront également tenir compte et œuvrer avec les mouvements de résistance civils, ce qui était une nécessité évidente, compte tenu de la composition de la Résistance (on peut notamment évoquer le cas du maquis du Vercors, doté d'un commandement civil et militaire). Le programme prévoit de renforcer le rôle des FFI : il s'agit d'étoffer les troupes, notamment en recrutant parmi les réfractaires au STO, de les organiser, de leur donner autorité et discipline.

Finalité ainsi résumée dans la fin de cette première partie : c'est par l'« union étroite de tous les patriotes, sans distinction d'opinions politiques, philosophiques ou religieuses » que « se constituera dans la lutte une armée expérimentée, rompue au combat, dirigée par des cadres éprouvés devant le danger, une armée capable de jouer son rôle lorsque les conditions de l'insurrection nationale seront réalisées, armée qui élargira progressivement ses objectifs et son armement. Ainsi, par l'effort et les sacrifices de tous, sera avancée l'heure de la libération du territoire national ; ainsi la vie de milliers de Français pourra être sauvée et d'immenses richesses pourront être préservées ».

Propos quelque peu visionnaires lorsque l'on connaît l'intensité des combats de l'été 1944 qui ont suivi le débarquement de Normandie, puis celui de Provence. Mais si des vies ont été sauvées, bien d'autres ont été perdues dans les combats, les massacres, les bombardements et les déportations. Le fait est qu'à la Libération le CNR sortira grandi par cette détermination à mener la guerre contre l'occupant, et que son programme n'en prendra que plus de poids.

Les résistants au grand jour : vers une démocratie économique et sociale

Les résistants au pouvoir

Après la libération de Paris le 25 août 1944, de nombreux résistants s'engagent ou se réengagent dans la vie politique. Georges Bidault devient ministre des Affaires étrangères ; il est alors remplacé à la tête du Conseil national de la Résistance par le syndicaliste CGT Louis Saillant. Loin de s'effacer, « les représentants des mouvements, groupements, partis ou tendances politiques, groupés au sein du CNR proclament qu'ils sont décidés à rester unis après la Libération », pour reprendre les termes du préambule de la seconde partie du programme. Ils vont alors exposer ce dernier au grand jour de diverses manières.

La tenue de réunions publiques, telles que celles du 12 septembre 1944 au Palais de Chaillot et du 7 octobre au Vél' d'Hiv', va contribuer à faire connaître le programme et à lui donner une assise populaire. La foule alors rassemblée prouve par son nombre et ses acclamations son adhésion à ce programme. Apothéose de cette campagne, le CNR organise du 10 au 14 juillet 1945 les « États généraux de la renaissance française » : à l'occasion de la première fête nationale suivant la Libération, trois jours de festivités se déroulent à Paris, auxquels participent tous les mouvements de résistance. Le parallélisme avec 1789 ne s'arrête pas là, puisque les CDL sont appelés à rédiger des « cahiers de doléances », dont la synthèse fera ressortir une volonté d'abolir les « trusts » et de proclamer les « droits des travailleurs ».

Cette bouillonnante activité des membres du CNR se déploie, à partir de la fin de l'année 1944 et en 1945, dans un contexte politique très favorable à l'application des mesures prônées dans la seconde partie des *Jours heureux*. Avec les représentants de la CGT, ce sont les socialistes qui restent parmi ses plus fervents défenseurs, ce qui est assez logique dans la mesure où ils l'avaient fortement défendu lors de sa rédaction. Ils défendent son contenu auprès de l'Assemblée consultative d'Alger, puis auprès de celle qui siège à Paris de novembre 1945 à août 1946. Le PCF, bien que plus hésitant, car il a ses propres revendications, notamment la bataille contre les trusts, finit par dissoudre ses milices patriotiques et jouer le jeu démocratique : en janvier 1945, Maurice Thorez prend à son compte les mesures du CNR sur l'épuration économique, cheval de bataille du Parti, qui signe le 2 mars 1945 une déclaration commune avec les socialistes, publiée à la fois dans *Le Populaire* et dans *L'Humanité*, réclamant clairement la mise en œuvre du programme et dénonçant les trusts.

Les démocrates-chrétiens du MRP sont animés en cette fin 1944 d'une « foi révolutionnaire », pour reprendre les termes de l'historienne Claire Andrieu. À titre d'illustration, le 5 septembre 1944, on peut lire dans *L'Aube*, journal d'obédience catholique, l'affirmation de la volonté d'« en finir avec le régime capitaliste et la domination de l'argent, [de] construire les structures sociales nouvelles qui libéreront les masses de la dépendance matérielle et morale où elles sont et assureront la participation de tous aux bienfaits de l'activité commune ».

Quant à de Gaulle, alors chef du Gouvernement provisoire de la République française (GPRF), même s'il garde ses distances vis-à-vis du CNR, il ne le désavoue pas, tenant avant tout à la restauration de l'État. Le 2 mars 1945, le jour même où socialistes et communistes font leur déclaration commune, il déclare devant l'Assemblée consultative :

« Oui, nous affirmons que c'est le rôle de l'État d'assurer lui-même la mise en valeur des grandes sources de l'énergie : charbon, électricité, pétrole, ainsi que des principaux moyens de transmission dont tout le reste dépend. C'est son rôle d'amener la principale production métallurgique au niveau indispensable. C'est lui qui doit disposer des crédits. »

Jusqu'aux élections d'octobre 1945, le CNR, en tant qu'organe représentatif de l'ensemble de la Résistance ayant fait ses preuves dans la clandestinité, va tenter d'affirmer sa légitimité face au GPRF et à de Gaulle, lui-même en quête d'une stature d'homme d'État. Les nouvelles publications du programme sortent d'ailleurs avec l'en-tête « République française » et sont abondamment diffusées.

Ainsi, la plupart des dirigeants politiques de l'époque soutiennent le programme des *Jours heureux*. Lequel se verra donc appliqué.

En suivant le programme : les mots et les actes

La seconde partie du programme, « Mesures à appliquer dès la libération du territoire », est déclinée en cinq points, dont le dernier, qui concerne les réformes économiques et sociales, est abondamment développé.

Le premier point prône l'établissement d'un « gouvernement provisoire de la République formé par le général de Gaulle pour défendre l'indépendance politique et économique de la Nation, rétablir la France dans sa puissance, dans sa grandeur et dans sa mission universelle ». Cet article très « gaullien » reflète le désir de restauration de l'État. Il s'agit d'éviter que les Anglo-Américains n'imposent à la France l'Allied Military Government of Occupied Territories (AMGOT), gouvernement militaire chargé d'administrer les territoires nouvellement libérés en attendant le retour d'un gouvernement légitime. Ce fut le cas en Italie ; ça ne le sera pas en France.

Les deux points suivants évoquent l'épisode conjoncturel de l'épuration et la « confiscation des biens des traîtres », ainsi que l'établissement d'un impôt sur les bénéfices de guerre. Cette question est évidemment au cœur des préoccupations de l'immédiat après-guerre. Si l'épuration politique a donné lieu depuis à nombre de travaux historiques, l'épuration économique reste encore aujourd'hui relativement mal connue, à l'exception de la nationalisation des usines Renault et de la confiscation des biens de son dirigeant Louis Renault. Des entreprises vitales pour la reconstruction, dont les dirigeants avaient collaboré, sont réquisitionnées par les commissaires de la République (ce fut le cas notamment des Aciéries du Nord à Marseille).

Le quatrième point est consacré au rétablissement des libertés fondamentales, dont les Français avaient été privés pendant quatre longues années. S'agissant de l'« établissement de la démocratie la plus large [...] par le rétablissement du suffrage universel », c'est un décret du 21 avril 1944 du Gouvernement provisoire de la République française (GPRF), installé à Alger, qui instaure pour la première fois le droit de vote pour les femmes – ce que ne prévoyait pas le programme du CNR –, près d'un siècle après l'instauration du suffrage universel masculin en 1848... Les premières élections sont organisées dès avril 1945 (élections municipales). Et, en octobre 1945, se déroulent les premières élections générales pour une Assemblée constituante ; le MRP, la SFIO et le PC obtiennent à eux seuls 75 % des voix. Suite à ce scrutin, Louis Saillant pourra titrer son intervention du 26 octobre 1945 à la Conférence nationale des CDL : « Le programme du CNR au pouvoir ».

S'agissant de l'objectif de rétablissement d'une presse libre, on sait ce qu'ont été les enjeux de la propagande au cours du conflit et l'importance du rôle joué par la presse clandestine pour les résistants. Son libellé est particulièrement intéressant : « La liberté de la presse, son honneur et son indépendance à l'égard de l'État, des puissances d'argent et des influences étrangères. » Cette résolution sera très vite mise en application, puisque, dès le 22 juin 1944, une ordonnance sur la presse est promulguée, bientôt suivie par d'autres. Lesquelles veulent répondre à une double attente : l'épuration des titres et des hommes compromis avec Vichy et l'émancipation des puissances d'argent. En outre, la presse doit librement participer au débat démocratique. Chose très nouvelle, dans la presse de 1944, l'État n'est pas vu comme liberticide, au contraire, c'est lui qui doit organiser la liberté d'expression par la loi. Avec la création de l'Agence France Presse, il prend le contrôle des sources et permet aux titres clandestins de paraître au grand jour.

Les limites de ces mesures, c'est que les autorisations de parution sont données à des personnes, non à des mouvements : la publication d'un titre relève de la propriété privée. De plus, les rédactions manquent de journalistes, ce qui limite l'ampleur de l'épuration. Et, dès 1947, l'État se désengagera de son rôle de garant d'une presse indépendante, la publicité devenant de plus en plus présente dans les journaux livrés aux lois du marché [5].

---

5 Concernant la presse à la Libération, voir notamment Christian DELPORTE, « Quelle presse nouvelle ? », *in* Bernard GARNIER *et alii* (dir.), *Pourquoi résister ? Résister pour quoi faire ?*, Centre de recherche d'histoire quantitative, Caen, 2006.

Le cinquième point est enfin consacré aux réformes économiques et sociales – les rédacteurs tenaient absolument à ce que les deux aspects soient étroitement associés –, dont la mise en application a été engagée dès 1944. Nous sommes là au cœur de cette volonté qu'ont les résistants d'établir une démocratie économique et sociale, en rupture avec la IIIe République et le régime de Vichy. C'est ce qui est clairement annoncé en conclusion de la présentation de ces mesures : « Ainsi sera fondée une République nouvelle qui balaiera le régime de basse réaction instauré par Vichy et qui rendra aux institutions démocratiques et populaires l'efficacité que leur avaient fait perdre les entreprises de corruption et de trahison qui ont précédé la capitulation. » Reprenons les différents points avancés en la matière dans le programme du CNR, pour évoquer rapidement la façon dont ils ont été mis en œuvre.

Réformes économiques

« L'instauration d'une véritable démocratie économique et sociale, impliquant l'éviction des grandes féodalités économiques et financières de la direction de l'économie » : c'est l'un des grands volets de la politique de nationalisation d'après-guerre, avec celui des industries d'énergie et de transport, abordé plus loin. De nombreuses mesures ont été prises dans ce cadre : le transfert à l'État des actions de la société Gnome et Rhône, le 29 mai 1945 ; le transfert à l'État des actions des sociétés Air France et Air Bleu, le 26 juin 1945 ; le 2 décembre 1945, Christian Pineau, résistant déporté, militant syndicaliste CGT et ministre socialiste, présente la loi de nationalisation du crédit, de la Banque de France et de quatre grandes banques de dépôt. Elle a comme objectif de libérer l'État de l'influence des grands établissements de crédit, de protéger les épargnants et d'étendre le nombre des bénéficiaires du crédit. Cela n'a pas été sans soulever de vifs débats. Suite aux réticences de nombreux hauts fonctionnaires et de De Gaulle lui-même, les banques d'affaires échappent à cette mesure, ce qui mécontente fortement les communistes et les socialistes, lesquels reviendront en vain plusieurs fois à la charge pour obtenir leur nationalisation [6].

« Une organisation rationnelle de l'économie assurant la subordination des intérêts particuliers à l'intérêt général et affranchie de la dictature professionnelle instaurée à l'image des États fascistes. » Deux mesures importantes concrétisent ce point : la réforme de la fonction publique, le 22 juin 1945 ; la création de l'École nationale d'administration, le 9 octobre 1945. Elles s'inscrivent dans la volonté d'établir un État au service de tous.

« L'intensification de la production nationale selon les lignes d'un plan arrêté par l'État après consultation des représentants de tous les éléments de cette production. » Il s'agit de l'un des apports majeurs, avec les nationalisations et la Sécurité sociale, du programme du CNR. En décembre 1945, Jean Monnet, homme d'expérience internationale, obtient la création d'un Commissariat général au Plan. Et, en novembre 1946, son *Rapport général sur le premier plan de modernisation et d'équipement* affiche l'objectif de dépasser, en 1952, de 25 % la production industrielle de 1929. Fruit d'un consensus entre forces politiques, syndicats

---

6 Comme pour les développements sur le Plan ou la Sécurité sociale, ces informations reprennent largement celles données dans l'article de Michel MARGAIRAZ, « Les valeurs économiques et sociales de la Résistance : entre démocratisation et modernisation », *in* Bernard GARNIER *et alii* (dir.), *Pourquoi résister ? Résister pour quoi faire ?*, *op. cit.*

et patronat, cet objectif favorise l'investissement productif et une forme de croissance dont les gains doivent se retrouver dans l'élévation générale du niveau de vie.

« Le retour à la Nation des grands moyens de production monopolisés, fruit du travail commun, des sources d'énergie, des richesses du sous-sol, des compagnies d'assurances et des grandes banques. » Tel est donc l'autre grand axe de la politique de nationalisation, dont les principales mesures d'application sont les suivantes : ordonnance du 13 décembre 1944 instituant les Houillères du Nord et du Pas-de-Calais ; nationalisation des usines Renault le 16 janvier 1945, déjà évoquée ; contrôle de l'État sur la marine marchande ; loi de nationalisation du gaz et de l'électricité, le 28 mars 1946 ; nationalisation des combustibles minéraux, le 26 avril 1946 ; nationalisation des Charbonnages de France, le 17 mai 1946.

« Le droit d'accès, dans le cadre de l'entreprise, aux fonctions de direction et d'administration pour les ouvriers possédant les qualifications nécessaires ; et la participation des travailleurs à la direction de l'économie. » Des « comités d'usine » avaient déjà spontanément vu le jour dès la Libération, dans des usines dont la direction s'était compromise dans la collaboration. La mise en place de ces structures était réclamée depuis longtemps par les syndicats. Une ordonnance instituant leur existence est prise le 12 février 1945 et leurs attributions sont étendues par la loi du 25 avril 1946 : le comité d'entreprise est amené à coopérer à l'amélioration des conditions de travail des salariés, à contrôler la gestion des œuvres sociales de l'entreprise et à être consulté sur son activité.

Réformes sociales

« Le droit au travail et le droit au repos, notamment par le rétablissement et l'amélioration du régime contractuel du travail. » Par la loi du 21 février 1946, la semaine de 40 heures est rétablie, avec paiement supplémentaire au-delà de la quarantième heure. Cette mesure avait été adoptée en 1936 par le Front populaire et abolie par le régime de Vichy, qui était repassé à une durée légale de 60 heures de travail ! La mesure s'inscrit donc dans cette instauration et restauration de droits sociaux ; mais la question du règlement des heures supplémentaires laisse entrevoir que la loi sera difficile à appliquer en tant que telle : le pays est en pleine reconstruction et a besoin de bras. En fait, il faudra attendre la fin des Trente Glorieuses et jusqu'en 1982 pour une nouvelle législation sur la durée du temps de travail qui passera.... à 39 heures.

« Un rajustement important des salaires et la garantie d'un niveau de salaire et de traitement qui assure à chaque travailleur et à sa famille la sécurité, la dignité et la possibilité d'une vie pleinement humaine ; la garantie du pouvoir d'achat national par une politique tendant à la stabilité de la monnaie » : c'est en 1950 qu'est créé le « salaire minimum interprofessionnel garanti » (SMIG) ; même si cette mesure est adoptée après les grandes vagues de réformes de l'immédiat après-guerre, elle s'inscrit bien dans la lignée du programme du CNR.

« La reconstitution, dans ses libertés traditionnelles, d'un syndicalisme indépendant, doté de larges pouvoirs dans l'organisation de la vie économique et sociale. » Le régime de Vichy ayant interdit les syndicats et imposé la restauration d'un fonctionnement corporatiste, les représentants des syndicats présents au sein du CNR avaient activement défendu cette mesure. Et, à la Libération, le monde syndical connaît une présence rarement égalée. Nombre de syndicalistes étaient engagés dans la Résistance et ont siégé dans des comités locaux de libération. La CGT comptait alors 5,5 millions d'adhérents, la CGC était créée en 1944. C'est donc assez logiquement que les syndicats ont revendiqué ces « larges pouvoirs » ; déjà présents dans des comités de gestion d'entreprises dont les directions avaient été compromises dans la collaboration, ils vont prendre une part active dans les secteurs nationalisés de l'économie, dans la Sécurité sociale et bien évidemment dans les comités d'entreprise.

« Un plan complet de sécurité sociale, visant à assurer à tous les citoyens des moyens d'existence, dans tous les cas où ils sont incapables de se les procurer par le travail, avec gestion appartenant aux représentants des intéressés et de l'État. » Avec les nationalisations et le Plan, il s'agit de l'une des mesures les plus importantes du programme du CNR. À travers l'expression « plan complet », on peut comprendre que le régime des assurances sociales existant avant guerre restait limité et qu'il s'agissait de l'étendre à tous. Le projet a été porté successivement par le résistant socialiste André Tixier, fort de son expérience de directeur adjoint du Bureau international du Travail avant guerre, puis par Alexandre Parodi, nommé commissaire au Travail après la Libération, et par son successeur, le communiste Ambroise Croizat.

C'est le jeune résistant Pierre Laroque (il a alors 37 ans), nommé en octobre 1944 directeur des Assurances sociales, qui va concevoir et mettre en œuvre la « Sécurité sociale », institution de protection des citoyens contre les risques de santé fondée sur quatre principes essentiels : législation unique pour tous les systèmes existants ; gestion par les représentants des assurés ; système par répartition ;

financement par des contributions du patronat et des salariés. Mis en place par deux textes, l'ordonnance de base de la Sécurité sociale des 4 et 19 octobre 1945 et la loi du 22 mai 1946, le nouveau régime se réclame du principe général d'universalité de la protection sociale pour tous les salariés, avant de l'être pour l'ensemble de la population, conformément au programme du CNR.

Voici un extrait on ne peut plus explicite de l'exposé des motifs de l'ordonnance du 4 octobre présentant les principes généraux du régime : « La Sécurité sociale est la garantie donnée à chacun qu'en toutes circonstances il disposera des moyens nécessaires pour assurer sa subsistance et celle de sa famille dans des conditions décentes. Trouvant sa justification dans un souci élémentaire de justice sociale, elle répond à la préoccupation de débarrasser les travailleurs de l'incertitude du lendemain, de cette incertitude constante qui crée chez eux un sentiment d'infériorité et qui est la base réelle et profonde de la distinction des classes entre les possédants sûrs d'eux-mêmes et de leur avenir et les travailleurs sur qui pèse, à tout moment, la menace de la misère. Envisagée sous cet angle, la Sécurité sociale appelle l'aménagement d'une vaste organisation nationale d'entraide obligatoire qui ne peut atteindre sa pleine efficacité que si elle présente un caractère de très grande généralité à la fois quant aux personnes qu'elle englobe et quant aux risques qu'elle couvre. Le but final à atteindre est la réalisation d'un plan qui couvre l'ensemble de la population du pays contre l'ensemble des facteurs d'insécurité ; un tel résultat ne s'obtiendra qu'au prix de longues années d'efforts persévérants, mais ce qu'il est possible de faire aujourd'hui, c'est d'organiser le cadre dans lequel se réalisera progressivement ce plan. »

Concernant les agriculteurs, le programme du CNR préconise « l'élévation et la sécurité du niveau de vie des travailleurs de la terre par une politique de prix agricoles rémunérateurs, améliorant et généralisant l'expérience de l'Office du blé, par une législation sociale accordant aux salariés agricoles les mêmes droits qu'aux salariés de l'industrie, par un système d'assurance contre les calamités agricoles, par l'établissement d'un juste statut du fermage et du métayage, par des facilités d'accession à la propriété pour les jeunes familles paysannes et par la réalisation d'un plan d'équipement rural ». Ce point est d'autant plus important qu'en 1944 près de la moitié de la population française est encore rurale : il se traduit par un statut du fermage et du métayage, promulgué le 17 octobre 1945.

« Une retraite permettant aux vieux travailleurs de finir dignement leurs jours. » La loi sur la Sécurité sociale inclut la retraite des personnes âgées sur la base de la répartition, comme le préconise le fonctionnement général du nouveau régime.

« Le dédommagement des sinistrés et des allocations et pensions pour les victimes de la terreur fasciste » : cette préoccupation conjoncturelle conduira à un débat sur le rôle des compagnies d'assurances et à une loi sur la nationalisation des onze plus importantes d'entre elles, adoptée le 24 avril 1946.

« Une extension des droits politiques, sociaux et économiques des populations indigènes et coloniales » : ce point est le seul du programme du CNR qui aborde la question coloniale et il ne sera pas suivi d'effet. Il faudra en effet attendre juin 1956 pour que la loi-cadre du ministre socialiste Gaston Defferre établisse une voie vers l'autonomie des territoires colonisés. Mais elle intervient un peu tard : la guerre d'Indochine est finie, et celle d'Algérie fait rage depuis deux ans...

« La possibilité effective pour tous les enfants français de bénéficier de l'instruction et d'accéder à la culture la plus développée quelle que soit la situation de fortune de leurs parents, afin que les fonctions les plus hautes soient réellement accessibles à tous ceux qui auront les capacités requises pour les exercer et que soit ainsi promue une élite véritable, non de naissance mais de mérite, et constamment renouvelée par les apports populaires. » Créée en novembre 1944, une « Commission ministérielle d'études pour la réforme de l'enseignement » donnera naissance en juillet 1947 au fameux plan Langevin-Wallon, du nom de ses deux dirigeants successifs, Paul Langevin et Henri Wallon. Préconisant un enseignement gratuit et obligatoire jusqu'à 18 ans et mettant l'accent sur l'accès à la culture, il restera toutefois largement lettre morte, ne débouchant que sur des mesures mineures, comme les ordonnances sur l'enseignement secondaire unifié et gratuit en janvier et mars 1945, et la mise en place d'un baccalauréat technique et du BEPC en 1946. Le nouveau ministère de l'Éducation nationale va englober également une « Direction de l'éducation populaire et des mouvements de jeunesse », dont les principes d'accès à tous à la formation et à la culture s'étaient notamment concrétisés sous l'Occupation par la création en 1943 dans la clandestinité de Peuple et Culture.

Un texte fondateur du « pacte social français »

On le voit par l'énoncé de ces mesures et par les dates de leur promulgation : rarement sans doute la France aura connu autant de réformes en si peu de temps. Les résistants au pouvoir sont donc à la fois dans la continuité de leur combat et dans celle des libertés acquises depuis 1789 et sous la IIIe République. Mais aussi et surtout dans la conquête de nouvelles libertés : « Ainsi sera rendue possible une démocratie qui unisse au contrôle effectif exercé par les élus du peuple la continuité de l'action gouvernementale », conclut cette seconde partie du programme. Cette volonté d'œuvrer pour le long terme se manifeste aussi par l'élaboration d'une « charte » de nouveaux droits, adossée à la Constitution de la IVe République sous le nom de « Préambule de 1946 ». Celui-ci reprend l'essentiel des nouveaux droits prônés par le programme du CNR :

« 5. Chacun a le devoir de travailler et le droit d'obtenir un emploi. [...]

« 8. Tout travailleur participe, par l'intermédiaire de ses délégués, à la détermination collective des conditions de travail ainsi qu'à la gestion des entreprises.

« 9. Tout bien, toute entreprise, dont l'exploitation a ou acquiert les caractères d'un service public national ou d'un monopole de fait, doit devenir la propriété de la collectivité.

« 10. La Nation assure à l'individu et à la famille les conditions nécessaires à leur développement.

« 11. Elle garantit à tous, notamment à l'enfant, à la mère et aux vieux travailleurs, la protection de la santé, la sécurité matérielle, le repos et les loisirs. Tout être humain qui, en raison de son âge, de son état physique ou mental, de la situation économique, se trouve dans l'incapacité de travailler a le droit d'obtenir de la collectivité des moyens convenables d'existence.

« 13. La Nation garantit l'égal accès de l'enfant et de l'adulte à l'instruction, à la formation professionnelle et à la culture. L'organisation de l'enseignement public gratuit et laïque à tous les degrés est un devoir de l'État. »

Ce préambule, qui fut adossé de nouveau à la Constitution de la Ve République en 1958, fait partie de ce que le Conseil constitutionnel a appelé le « bloc de constitutionnalité » : toute loi ayant des dispositions contraires à ces principes est donc anticonstitutionnelle... Par ailleurs, l'article premier des deux textes est ainsi libellé : « La France est une République indivisible, laïque, *démocratique et sociale* », ces deux derniers principes étant particulièrement chers aux auteurs du programme du CNR.

À l'aune des élections législatives du 2 juin 1946, le tripartisme MRP-PC-SFIO va se fissurer notamment sur la question des nationalisations, ardemment soutenues par le PC sur le modèle soviétique ; le PS rejetant le marxisme d'État et le MRP se positionnant sur des principes plus conservateurs. Le début de la guerre froide et le retrait des communistes du gouvernement en mai 1947 vont parachever ces divisions.

La question constitutionnelle a également été facteur de division : entre la volonté d'un État fort, porté par de Gaulle mais derrière lequel beaucoup craignaient le spectre des dictatures dont on venait de se libérer, et le poids d'un Parti communiste fidèle au modèle soviétique, la nouvelle Constitution adoptée par référendum le 16 octobre 1946 et donnant naissance à la IVe République ressemble beaucoup à celle de la IIIe. Par là même, la vie politique va redevenir plus traditionnelle. Si les résistants ont accédé au pouvoir à la Libération, il n'y aura pas de « parti de la Résistance », mais un retour des femmes et des hommes vers des familles politiques déjà identifiées.

Plusieurs pays européens s'étaient dotés à cette période de plans de réformes économiques et sociales dans lesquels se retrouvaient des mesures similaires à celles figurant dans le programme du CNR. Mais l'originalité du cas français est remarquable à bien des égards. C'est un texte adopté dans la clandestinité, à l'unanimité des membres d'un Conseil national de la Résistance représentant l'ensemble des tendances politiques républicaines, après de longues discussions quant à son contenu. Même s'il reste l'objet de quelques discussions jusqu'en août 1944, ses auteurs le portent en étendard à la Libération et militent ardemment pour son application.

C'est un texte de compromis, où ne figurent pas quelques grands sujets, notamment l'accès au droit de vote pour les femmes et la question constitutionnelle. Ses thèmes corroborent ceux portés par le chef de la France libre, Charles de Gaulle, lui-même en quête de légitimité auprès des résistants, des Alliés et de l'opinion. La réception de ce texte bénéficie à la Libération d'une conjoncture particulière : l'arrivée des résistants au pouvoir, les attentes d'une population au sortir de quatre années de privations et de souffrances, la volonté de De Gaulle de restaurer l'État vont favoriser une large application de la seconde partie de ce programme, dont on peut résumer ainsi les vecteurs essentiels : la restauration des libertés fondamentales et de la démocratie à travers le suffrage universel ; l'indépendance économique à travers l'instauration du Plan ; la solidarité à travers la mise en place de la Sécurité sociale ; l'intérêt du service pour tous plutôt que du profit de quelques-uns avec les nationalisations.

Si certaines des réformes engagées sur la base du programme du CNR n'ont pas tenu la distance, la plupart d'entre elles ont survécu à la fin de son organe créateur en 1947, à la guerre froide, à la fin des Trente Glorieuses. Ce qui fait des *Jours heureux* un des fondements essentiels du pacte social français. Au-delà du contexte historique particulier de sa rédaction et de sa mise en application, on peut – et on doit – aller chercher aujourd'hui dans ce texte les valeurs qui fondaient l'espérance de ses auteurs dans la quête et la conquête d'un monde plus juste. Alors même que, comme on va le voir, les élites politiques françaises s'acharnent, discrètement à partir des années 1980, puis de plus en plus ouvertement à partir des années 1990, à torpiller cet héritage.

II

À bas les jours heureux !

3

Sécurité sociale : les travaux de démolition ont commencé

Emmanuelle Heidsieck

« Il est temps d'arrêter de faire croire qu'il n'y a pas de limite au coût des assurances collectives. Nous ne pouvons nous contenter des vieilles recettes d'autrefois. Nous avons besoin d'imaginer un nouveau modèle. Il nous faut avoir de l'allant. Réformons nos systèmes qui sont archaïques. » C'est en ces termes que, le 12 décembre 2005, la toute nouvelle présidente du Medef, Laurence Parisot, s'adresse au gratin des compagnies d'assurances, réunies pour leur symposium annuel au Palais des Congrès de la Porte Maillot. Désormais, en effet, le patronat est décomplexé et affiche sans scrupule son ambition de remettre en cause les « assurances collectives », c'est-à-dire la Sécurité sociale. L'heure de la revanche est enfin venue. Les assurances privées, écartées du marché de la santé en 1945, ont maintenant le vent en poupe. Il leur en a fallu de la patience, du travail de lobbying et d'influence, de la minutie dans la communication pour que leur appétit commercial, dans ce secteur sacralisé de la santé, apparaisse comme légitime.

L'« opposition inavouée » du patronat

Car, au lendemain de la guerre, lorsque les ordonnances des 4 et 19 octobre 1945 créent la Sécurité sociale, l'univers patronal, discrédité pour avoir massivement collaboré, fait profil bas. Cette nouvelle institution n'est certainement pas pour lui plaire, elle qui veut garantir le travailleur et sa famille contre les aléas de la vie, en assurant « à tous les citoyens des moyens d'existence, dans tous les cas où ils sont incapables de se les procurer par le travail ». Elle repose ainsi sur des principes impensables pour les milieux économiques libéraux de l'époque : la couverture de toute la population, la solidarité entre tous (malades et bien portants, jeunes et plus âgés) et le concept « chacun cotise selon ses revenus et reçoit selon ses besoins », qui permet de subvenir aux dépenses de soins des plus pauvres. Un système qui vise explicitement à remédier aux injustices sociales et à en finir avec la simple loi du marché, selon laquelle seules les classes aisées ont les moyens d'être correctement soignées. Jusque-là, en effet, un tiers seulement de la population française est couvert contre la maladie par le biais des assurances sociales, si bien que l'épargne privée est souvent déterminante pour accéder à la médecine. De plus, le mode d'organisation de la Sécurité sociale est un véritable affront pour le patronat, puisqu'il se trouve contraint de participer à son financement par le biais des cotisations patronales et qu'il est cantonné à un rôle mineur dans sa gestion, les syndicats de salariés s'étant vu confier 75 % des sièges dans les conseils d'administration.

Mais il serait vain, alors, pour le monde des affaires de discourir ou de protester. Pas moins de trente-quatre compagnies d'assurances sont nationalisées dans le cadre du programme du Conseil national de la Résistance, « impliquant l'éviction des grandes féodalités financières de la direction de l'économie ». Celles-ci se voient, en outre, privées du « marché » des accidents du travail – désormais rattachés à la Sécurité sociale –, qui représentaient 40 % de leur chiffre d'affaires avant guerre. Dès lors, les premiers temps, le secteur assurantiel s'adapte à la nouvelle donne et, face à ces « assurances collectives » dont il est exclu, s'oriente vers la prévoyance, qu'il s'emploie à développer en proposant aux employeurs de nouvelles offres multirisques (assurance des biens, invalidité, décès). Ce sont les « Trente Glorieuses », faites de croissance et de plein-emploi. Les patrons s'enrichissent grâce à la reconstruction et au boom économique, un baume efficace à la rancœur. Il y a bien un certain nombre d'employeurs qui ne payent pas leurs cotisations, ce qui conduira à la création en 1960 d'organismes de perception et de recouvrement aux moyens renforcés, les URSSAF. Cependant, durant une vingtaine d'années, le pacte social scellé à la Libération tient bon, les forces conservatrices jouant le jeu et faisant preuve d'une « opposition inavouée », selon la formule de Pierre Laroque, le concepteur du plan de Sécurité sociale.

Cette trêve prend fin avec les ordonnances Jeanneney de 1967, la première attaque en règle contre l'esprit de 1945. Sous couvert de vouloir rétablir la situation financière du régime général, cette réforme impulsée par le Premier ministre Georges Pompidou vise à écarter la CGT, qui gère la plupart des caisses, et à redonner du pouvoir aux employeurs. Dans ce but, elle met fin à l'élection par les usagers des représentants aux caisses de Sécurité sociale et instaure le paritarisme en attribuant au patronat autant de sièges qu'aux syndicats dans les conseils d'administration. Un changement qui signe l'« abandon d'un des grands desseins de 1945, l'idée de démocratie sociale », note l'éminent spécialiste de la Sécurité sociale Jean-Jacques Dupeyroux [1]. Et qui donnera lieu à de grandes manifestations de protestation, réunissant notamment mutuelles et syndicats (CGT et CFDT), qui dénoncent les « ordonnances scélérates ».

1989 : le signal de la reconquête

Mais c'est un peu plus tard, à la fin des années 1980, que s'engage réellement la grande contre-offensive du secteur privé, qui entend avoir sa part du gâteau des dépenses de santé, en forte expansion du fait du progrès médical et d'une demande croissante des individus (7,6 % du PIB en 1980, 9 % en 1990 – qui deviendront 10,3 % en 2004 et 11,1 % en 2009). Le temps est venu. Les compagnies d'assurances relèvent la tête et se lancent dans une opération de reconquête, pas à pas, méthodiquement, parfois très habilement. Cette stratégie s'appuie naturellement sur l'essor de la doctrine néolibérale, qui gagne progressivement du terrain en France, aussi bien dans les milieux intellectuels que dans l'opinion publique, et dont l'essence est de stigmatiser le fardeau des impôts et des charges sociales de l'État-providence (parmi ses nombreux thuriféraires : Milton Friedman, Ronald Reagan, Margaret Thatcher, Édouard Balladur, Jean-Claude Trichet...).

Le signal du départ est précisément donné en 1989. Alors que treize des plus grandes compagnies d'assurances viennent de sortir du giron de l'État à l'occasion des

---

1 Jean-Jacques DUPEYROUX (dir.), *Droit de la Sécurité sociale*, Dalloz, Paris, 2001.

privatisations menées par le Premier ministre Jacques Chirac lors de la première cohabitation (1986-1988), la loi Evin du 31 décembre 1989 (adoptée à l'initiative du gouvernement de Michel Rocard), en voulant réguler la concurrence, officialise l'entrée des assureurs privés dans la complémentaire maladie. Jusqu'alors, en effet, seuls des organismes à but non lucratif, les mutuelles et les institutions de prévoyance, étaient admis pour intervenir en complément des remboursements de la Sécurité sociale. Cette loi, inspirée du rapport Gisserot (1985), provoque de vives réactions dans le monde syndical et mutualiste, qui organise un rassemblement au Champ-de-Mars à Paris, le 21 octobre 1989 [2].

« Nous ne laisserons pas les multinationales de l'assurance venir saccager la Sécurité sociale et la mutualité », déclare Louis Calisti, président de la Fédération nationale des mutuelles de travailleurs, qui lance une campagne d'affichage explicite avec le fameux slogan : « Mon corps n'est pas une bagnole. » Mais le ministre de la Santé Claude Evin n'entend pas les mises en garde. Et, le 16 février 1990, Jean-Jacques Dupeyroux publie dans *Le Monde* une longue tribune, intitulée « La fin d'une grande ambition », dans laquelle il déplore qu'avec cette loi « les compagnies d'assurances sont désormais placées sur le même plan que les institutions de prévoyance et les mutuelles ».

Conforté juridiquement et déterminé à gagner des parts de marché, le monde de l'assurance va ensuite s'appuyer sur le plan Juppé de 1995 pour s'implanter comme un acteur crédible dans la couverture maladie. Même si la Sécurité sociale constitue toujours le socle de base des remboursements

---

2 Voir Anne-Marie THOMAZEAU, *Le Pari solidaire. Histoire de la mutualité*, Viva Éditions, Paris, 1998.

(75 %), la percée d'entreprises privées pour la part complémentaire induit une remise en cause implicite des fondements de l'assurance-maladie conçue en 1945. Ainsi, on assiste au cours des années 1990 à la revendication par le patronat d'une individualisation des risques et d'une privatisation de la protection sociale, comme le raconte Julien Duval, chercheur au CNRS : « Dans les années 1990, Claude Bébéar, président d'Axa, adepte du "modèle américain", défendit au journal télévisé l'idée que les assureurs privés, actuellement cantonnés aux couvertures complémentaires, devraient pouvoir intervenir "dès le premier franc". » Ce qui revenait à demander l'abrogation du « monopole de la Sécurité sociale pour laisser les Français "libres" de s'assurer auprès de l'organisme de leur choix (Sécurité sociale, assureur privé, mutuelle) [3] ».

Effectivement, il ne s'agit pas seulement pour ces opérateurs privés de venir damer le pion aux mutuelles et institutions de prévoyance dans la complémentaire maladie. Ils convoitent aussi le marché tout entier de la Sécurité sociale et réclament, pour ce faire, une mise en concurrence de celle-ci avec eux. Nous sommes alors sous la présidence de Jacques Chirac : ce vœu est entendu et se traduit par l'ordonnance Juppé du 24 avril 1996, prévoyant la possibilité d'expérimentations de réseaux de soins. Aussitôt, quatre assureurs (AGF, CNP, Groupama et Axa) s'engouffrent dans la brèche et présentent chacun un projet au nouveau « Conseil d'orientation des filières et réseaux de soins expérimentaux », présidé par Raymond Soubie (qui deviendra en 2007 le conseiller social du président Nicolas Sarkozy).

---

3 Julien Duval, *Le Mythe du « trou de la Sécu »*, Raisons d'agir, Paris, 2008.

Parmi ces dossiers, celui d'Axa est le plus audacieux, puisque l'assureur envisage de se substituer à la Sécurité sociale, en partant d'un échantillon test de 60 000 de ses clients en Île-de-France. Les libéraux semblent près de toucher au but. Mais l'arrivée du socialiste Lionel Jospin à Matignon, le 2 juin 1997, met un coup d'arrêt au projet d'Axa, qui n'obtiendra pas l'agrément ministériel nécessaire pour démarrer. L'assureur remballe son dossier sans pour autant désarmer, d'autant que le président de la Fédération française des sociétés d'assurances (FFSA) et vice-président du Medef, Denis Kessler, lance sa « refondation sociale » le 15 novembre 1999.

Années 2000 :
la « refondation sociale » du Medef

Durant les trois années suivantes, cette opération s'emploiera à faire valoir auprès des syndicats et de l'opinion la nécessité de revisiter le compromis de 1945, en ouvrant la protection sociale au secteur privé. Dans le même temps, l'Institut Montaigne, le *think tank* créé par Claude Bébéar en 2000, produit des études qui contribuent à conditionner politiques, médias et opinion à cette idée de privatisation. Dans ses notes, les notions de solidarité et d'égalité sont généralement associées, toujours subtilement, au concept de concurrence, comme c'est le cas dans celle publiée en octobre 2002 sous le titre ambigu « Vers une assurance-maladie universelle ? ».

Cet ardent lobbying va porter ses fruits, une fois la droite revenue au pouvoir en 2002. Le ministre de la Santé, Philippe Douste-Blazy, s'attaque énergiquement à la

Sécurité sociale et conçoit sa réforme de l'assurance-maladie du 13 août 2004 en faisant la part belle aux organismes complémentaires (assurances privées, mutuelles, institutions de prévoyance). Ceux-ci sont appelés à participer à la gouvernance de la Sécurité sociale dans une nouvelle instance concoctée pour eux, l'UNOCAM (Union nationale des organismes d'assurance-maladie complémentaire). Un Institut des données de santé est créé, premier jalon vers un nouveau Graal pour les assureurs : l'accès aux données de santé des assurés sociaux.

En effet, leur part grandissant dans le remboursement des soins, ils estiment devoir disposer des mêmes outils que la Sécurité sociale pour participer pleinement à ce qu'ils appellent la « gestion du risque ». Concrètement, ils veulent obtenir les données individuelles pour mettre le nez dans les ordonnances des médecins et refuser le remboursement de tel médicament prescrit ou de tel examen complémentaire, pour choisir les patients les plus rentables, c'est-à-dire les moins malades, et pour augmenter les primes ou exclure les patients atteints de pathologies lourdes et donc coûteuses. Accompagnée d'un discours moralisateur de la responsabilisation, la loi Douste-Blazy organise un net recul de la Sécurité sociale en augmentant le « reste à charge » pour les patients (hausse progressive du forfait hospitalier de 13 à 16 euros entre 2004 et 2007, dépassements d'honoraires autorisés dans le cadre du nouveau « parcours de soins »). Elle installe une Haute Autorité de santé chargée d'orchestrer les déremboursements de médicaments (cent cinquante-six médicaments déremboursés dès le 1er mars 2006). Autant de transferts de charges vers les assureurs complémentaires, qui voient leur rôle s'accroître et répercutent sur leurs tarifs ces nouveaux domaines d'intervention.

Si la réforme Douste-Blazy ne tranche pas brutalement en faveur de la privatisation, elle contient bien un arsenal de dispositions allant dans ce sens et prépare l'avenir. L'opposition socialiste ne s'y trompe pas, s'indignant contre « une politique qui, faute de pouvoir être assumée pleinement, consiste en une sorte de "découpage en salami" de notre protection sociale et qui laisse se creuser le déficit pour mieux justifier la privatisation de pans entiers de notre assurance-maladie ». Pour mémoire, les comptes de la Sécurité sociale avaient été redressés sous le gouvernement Jospin, le régime général de la Sécurité sociale (les quatre branches : maladie, vieillesse, famille, accidents du travail) étant même excédentaire en 1999, 2000 et 2001. Ce qui ne sera plus jamais le cas par la suite. Entre 2001 et 2003, le déficit de l'assurance-maladie connaît même la plus forte dégradation de son histoire, quintuplant en deux ans pour atteindre 11,1 milliards d'euros en 2003. Ce qui s'explique notamment par le refus de la droite de soutenir l'emploi, sous prétexte de « libérer les énergies » selon le leitmotiv du Premier ministre Jean-Pierre Raffarin (2002-2005) et de son ministre du Travail, François Fillon ; et par la politique d'exonération de charges sociales des entreprises, qui conduit à un manque à gagner pour la Sécurité sociale (les quatre branches) en progression tout au long des années 2000 (2,6 milliards en 2009).

C'est dans ce contexte, alors que la droite au pouvoir depuis 2002 met en œuvre avec conviction sa révolution néoconservatrice, que Laurence Parisot peut tenir un discours confiant et conquérant le 12 décembre 2005 au Palais des Congrès. Le moral est alors au beau fixe : outre la privatisation rampante de la Sécurité sociale, le gouvernement Raffarin peut mettre à son actif les baisses d'impôts des plus aisés, la suppression des contrats aidés et des crédits aux associations, la baisse des allocations des demandeurs d'emploi et des personnes âgées, la création des « fonds de pension » à la française, etc.

La patronne du Medef doit précisément son élection à ce poste, le 5 juillet 2005, au soutien des compagnies d'assurances. Elle est ainsi la première représentante des « services » (assurances, banques) à la tête de l'organisation patronale, depuis toujours dirigée par l'Union des industries et des métiers de la métallurgie (UIMM). Un élément loin d'être secondaire pour la Sécurité sociale, car la bataille des « services » contre l'« industrie » au sein du patronat est aussi celle des ultralibéraux à l'anglo-saxonne contre les notables de l'UIMM – lesquels, bon gré mal gré, ont été relativement respectueux du pacte social de 1945. Avec Laurence Parisot, ces derniers sont relégués au second plan, avant d'être rattrapés en septembre 2007 par une affaire judiciaire, liée à la fameuse « caisse noire » de l'UIMM [4]. La voie est libre pour la « rupture ».

La privatisation rampante de Nicolas Sarkozy

À peine élu président de la République, Nicolas Sarkozy prononce un discours fondateur le 18 septembre 2007, au Sénat, à l'occasion du quarantième anniversaire de l'Association des journalistes de l'information sociale.

---

4 Voir Benoît COLLOMBAT, « L'affaire de l'UIMM, ou le roman noir de la caisse noire », *in* Benoît COLLOMBAT et David SERVENAY (dir.), *Histoire secrète du patronat. Le vrai visage du capitalisme français*, La Découverte, Paris, 2009.

Déterminé et galvanisé par l'état de grâce, le nouveau président annonce qu'il « va ouvrir un grand débat sur le financement de la santé », dont les conclusions seront tirées au premier semestre 2008 pour déterminer « ce qui doit être pris en charge par la collectivité ou par les individus ». Il s'agit de réduire l'intervention de la Sécurité sociale au profit de l'assurance individuelle, dont il annonce également le développement pour la prise en charge de la dépendance des personnes âgées. Le propos confirme, s'il en était besoin, son penchant pour le modèle libéral à l'américaine et expose sa conception, en matière sociale, de son thème de campagne de la « rupture ». Pourtant, bien que très officiellement promis ce 18 septembre, le « grand débat » n'aura pas lieu, les mauvais résultats de l'UMP aux élections municipales de mars 2008 rendant périlleux un démantèlement au grand jour.

Si bien que, à partir du printemps 2008, c'est par touches successives, selon la méthode éprouvée de Philippe Douste-Blazy, qu'est poursuivi le dépeçage de l'assurance-maladie, de déremboursements de médicaments en hausse du forfait hospitalier (de 16 à 18 euros en 2010). En toute discrétion, un protocole d'accord est signé le 28 juillet 2008 entre le gouvernement et les organismes complémentaires, leur permettant d'espérer l'accès aux données de santé des Français en échange d'une taxe d'un milliard d'euros sur leur chiffre d'affaires. Chaque discours ministériel insiste sur leur nécessaire participation aux côtés de la Sécurité sociale à la « gestion du risque », ce que dénoncent notamment les associations de malades représentées au sein du Collectif interassociatif sur la santé (CISS) [5]. Reste seulement

5 Voir son site : <www.leciss.org>.

au gouvernement à trouver le moment favorable dans l'opinion pour passer à l'acte et livrer ces précieuses données au privé. Car rien ne semble pouvoir modifier le cap et infléchir les positions proprivatisation de la droite au pouvoir.

Pas même la crise financière qui, le 15 septembre 2008, frappe la planète et signe l'échec des thèses libérales de dérégulation et de privatisation de la sphère économique et sociale. Pas même l'élection du démocrate Barack Obama à la présidence des États-Unis, le 4 novembre 2008, lui dont le principal thème de campagne, avec la fin de la guerre en Irak, est la création d'une Sécurité sociale publique pour en finir avec un système de santé aux mains des assurances privées et excluant de toute couverture 47 millions d'Américains. Cela ne suffit pas, en tout cas, au ministre du Budget, Éric Woerth, qui, le 19 novembre 2008, réaffirme le credo libéral dans le cadre de la conférence Économie-Santé des *Échos* : « Une période de crise n'est pas un bon moment pour remettre en question notre système de santé, pour réexaminer en profondeur ses modalités de financement et son organisation. Ce serait générer de l'inquiétude. [...] Mais quand les difficultés économiques seront derrière nous, il sera indispensable de reprendre le débat sur les réformes à mener. [...] Vous pouvez compter sur moi pour le ranimer ! Quel doit être le partage entre assurance-maladie et protection complémentaire ? [...] Il s'agit de questions essentielles que nous devons traiter. [...] Nous allons donner plus de responsabilités aux complémentaires en matière de gestion du risque. »

Le débat public voulu par Nicolas Sarkozy, celui qui associerait les Français à une « rupture » avec le compromis de 1945, aura-t-il finalement lieu ? Rien n'est moins sûr. Car la politique du laisser-faire et du transfert de charges se révèle tout aussi transformatrice qu'une grande loi. En fait, poursuivre dans cette voie en donnant chaque année « plus de responsabilités aux complémentaires » est une façon pour le gouvernement Fillon d'opérer sans bruit une privatisation partielle du système. Une évolution d'autant plus réelle qu'au sein des complémentaires la part des assurances privées a fortement progressé, au détriment des organismes à but non lucratif (mutuelles, institutions de prévoyance). En vingt ans, la part de marché des mutuelles a régressé de 68 % à 54 %, tandis que celle des compagnies d'assurances a explosé (28 % en 2009 contre 18 % dix ans plus tôt). Entre 2007 et 2009, ces dernières ont vu leur part bondir de 24 % à 28 %. À ce rythme-là, elles pourraient bien rafler la moitié du marché en dix ans, le secteur non lucratif devenant au fil du temps un lointain souvenir. Le président d'Axa, Henri de Castries, n'avait-il pas répondu à Laurence Parisot, ce 12 décembre 2005 : « Il faut une génération pour changer un système de santé » ?

Au nom du profit, la fin programmée du système solidaire

Le système est donc chaque jour davantage accaparé par des entreprises commerciales, loin des fondements éthiques de 1945. Des entreprises dont la règle d'or est la sélection des risques, ce qui revient à couvrir en priorité les jeunes bien portants à des tarifs raisonnables et à surtaxer les malades et les personnes âgées, quand ils ne sont pas carrément radiés. L'équation idéale d'un business juteux pour les actionnaires. Qu'en sera-t-il à l'avenir, si ces assurances privées sont prépondérantes, pour les personnes malades aux faibles revenus ? Il pourrait leur être bien difficile de trouver une compagnie qui les accepte ou qui ne leur demande pas un pont d'or hors de portée.

Si, en apparence, la part des remboursements de l'assurance-maladie reste stable (76,9 % en 2008), c'est essentiellement parce que le nombre de personnes prises en charge à 100 % dans le régime des ALD (affections de longue durée) a fortement augmenté. En effet, la Sécurité sociale assume intégralement les dépenses de santé des personnes, de plus en plus nombreuses, subissant un traitement au long cours pour une maladie grave et chronique (diabète, cancer, sida, etc.). Cette donnée masque l'ampleur du désengagement pour les patients ordinaires, notamment en médecine de ville, où la part de la Sécurité sociale est passée sous la barre des 50 % avec la loi Douste-Blazy (consultations et examens hors hôpital). Or ce sont les soins courants qui sont souvent essentiels pour détecter au plus tôt ou même éviter des maladies graves.

Ce retrait du système solidaire, s'il n'affecte pas les couches aisées de la population, peut avoir des conséquences dramatiques pour les millions de personnes qui, faute de moyens suffisants, n'ont pu souscrire qu'à une mauvaise complémentaire ou en sont carrément dépourvues (8 %). Nombre d'entre elles déclarent renoncer à des soins pour des raisons financières, notamment en optique et dentaire ; mais aussi, de plus en plus souvent, en médecine de ville, en raison des dépassements d'honoraires et des déremboursements de médicaments, et à l'hôpital, en raison du forfait hospitalier. Car s'offrir une bonne complémentaire est de plus en plus coûteux, les tarifs progressant en moyenne de 5 % par an depuis 2004 pour tenir compte des transferts de charges. D'où la fameuse question des médecins et de leurs secrétariats, désormais devenue systématique : « Vous avez une bonne mutuelle ? »

Les choix politiques depuis 2002 contribuent donc à creuser gravement les inégalités dans l'accès aux soins. Au nom du refus d'augmenter les prélèvements obligatoires et du souhait d'accorder plus de place au secteur privé, le système de santé se détourne de ses principes initiaux comme la redistribution entre hauts et bas revenus, la solidarité et l'universalité. L'effort financier à fournir pour être correctement soigné devient insurmontable pour certaines catégories de la population, ce qui conduit à une « dualisation du système français », selon l'expression du chercheur au CNRS-Cevipof Bruno Palier [6]. Nombreux sont ceux qui redoutaient de nouveaux désengagements de la Sécurité sociale à partir de 2010, d'autant que Nicolas Sarkozy a annoncé qu'il souhaitait remettre en cause la prise en charge à 100 % des ALD et transférer aux complémentaires une partie des frais occasionnés par les maladies chroniques (discours de Bordeaux du 4 juin 2009).

Cette évolution irait à l'encontre des fondements du système solidaire, puisque celui-ci a justement été conçu pour ceux, quels que soient leurs revenus, qui sont touchés par la maladie et non pas pour ceux qui seraient moins coûteux car moins malades. Pour justifier une telle régression sociale, l'accent est mis sur le déficit, sans qu'aucune mesure – comme une véritable politique de l'emploi par exemple – n'ait été adoptée pour tenter de le résorber. À tel point que, même à droite, des voix se sont élevées pour préconiser un sauvetage du système solidaire par une hausse de la CSG (il suffirait de l'augmenter d'un point pour obtenir 11 milliards

---

6 Bruno Palier, *Gouverner la Sécurité sociale*, PUF, Paris, 2005.

d'euros, soit le montant du déficit en 2009). C'est ce que recommandait notamment Philippe Séguin, le président de la Cour des comptes, en septembre 2009 : « On ne doit plus exclure toute augmentation des prélèvements sociaux. » Sinon, « ce serait une capitulation et l'explosion assurée du système ».

4

Retraites : la solidarité attaquée

Martine Orange

La question ne se posait même pas : la solidarité devait jouer entre les générations. Dans son programme, le Conseil national de la Résistance inscrit en lettres d'or le principe d'une garantie de retraite pour tous.

L'idée est familière à tous les signataires. Dès 1935, le président américain Franklin Roosevelt en a posé les premières bases dans le *Security Social Act*, qui inspirera le nom de « Sécurité sociale ». Dans la Charte de l'Atlantique en 1941, les Alliés, à la demande de Churchill, s'engagent aussi à la création d'une sécurité sociale pour tous et à la garantie des retraites. Même le gouvernement de Vichy est sensible aux idées du moment. En 1941, il instaure une caisse de retraite par répartition pour les travailleurs les plus pauvres. Mais, dans l'esprit de Vichy, il s'agit plus de charité que de solidarité.

Un système généreux

Pour le Conseil national de la Résistance, il ne saurait être question de poursuivre dans cette voie. Il s'agit de construire un vrai système de retraite garantie pour tous, « les cotisations des actifs servant à payer immédiatement les retraites et ouvrant des droits pour leur future retraite ». Dès 1945, une assurance vieillesse est créée au sein de la Sécurité sociale. S'inspirant des mécanismes mis en place par Bismarck, elle est fondée sur les notions d'assurance et de gestion par les bénéficiaires, et non sous contrôle étatique comme en Grande-Bretagne. Elle cherche aussi à implanter une démocratie économique et sociale, en organisant la représentation au sein du conseil d'administration de toutes les parties prenantes (syndicats, entreprises, assurés, État, gestionnaires).

Les milieux patronaux, qui avant guerre ont sapé toutes les tentatives de bâtir un système de retraite obligatoire, ne sont pas en position de s'y opposer. Outre le comportement collaborationniste de certains pendant la guerre, ils n'ont aucun argument économique fort pour contrer l'instauration de ce système solidaire : tous les systèmes d'épargne et de retraite par capitalisation se sont effondrés sur eux-mêmes, laminés par la crise puis la guerre.

Mais ce silence n'est que de courte durée. Dans l'esprit du Conseil national de la Résistance, le système de retraite doit être universel, c'est-à-dire commun à l'ensemble des Français. En 1946, le gouvernement adopte donc une loi pour créer ce système universel. Soutenus en sous-main par une partie de la droite, artisans, commerçants, professions libérales, agriculteurs s'opposent au projet. Pour eux, il ne saurait être question d'être mélangés aux salariés et, surtout, de tomber sous la coupe des syndicats. Forcément communistes, puisque c'est la grande question de l'époque. Sous la pression, le gouvernement est donc obligé de retirer son projet de système universel. L'idée d'une grande assurance retraite unique est morte à ce moment-là.

L'État, il est vrai, n'a guère été exemplaire sur cette question. Tout en voulant créer un système unique, il a choisi de maintenir son système propre de retraite pour les fonctionnaires, ainsi que les différents régimes spéciaux. En 1946, une nouvelle caisse est même créée pour les fonctionnaires territoriaux et hospitaliers. Il n'a donc guère les moyens de s'opposer aux tentatives des commerçants et des artisans. En 1948, ceux-ci créent donc leur propre caisse indépendante, ce qui ne les empêchera pas par la suite de régulièrement solliciter le régime général et d'y faire intégrer une partie de ses adhérents au fur et à mesure que l'équilibre entre générations ne sera plus assuré.

Si les principes posés sont généreux, la réalité économique, au sortir de la guerre, ne permet guère de l'être. En 1945, les retraités sont assurés de toucher 20 % de leur salaire s'ils partent à 60 ans, et 40 % s'ils partent à 65 ans, âge légal de la retraite. L'inflation galopante qui sévit pendant la reconstruction a vite fait de laminer ces revenus. Le niveau des retraites est si faible qu'en 1956 le gouvernement est obligé de créer un fonds spécial alimenté par les recettes de la vignette automobile. Puis, en 1959, il institue un minimum vieillesse correspondant au tiers du salaire minimum interprofessionnel garanti (SMIG). Des caisses complémentaires sont aussi créées afin d'augmenter les retraites futures des actifs, en 1947 pour les cadres (AGIRC) et en 1961 pour les non-cadres (ARRCO).

Mais, peu à peu, toutes les tensions se dissipent. La longue prospérité économique et la domination du modèle salarial permettent à partir de la fin des années 1950 d'assurer le financement sans douleur des retraites et d'asseoir les principes de solidarité édictés en 1945. Les retraités gagnent en pouvoir d'achat, grâce au mécanisme d'indexation des retraites sur les salaires, ce qui leur garantit d'être totalement associés au dynamisme économique de la Nation et d'être préservés des effets dévastateurs de l'inflation.

Toutes ces transformations ne se font pas sans grincement de dents du côté patronal. Dès 1948, la Chambre de commerce et d'industrie de Paris proteste : « La Sécurité sociale est devenue pour l'économie une charge considérable. » En 1953, le gouvernement de droite lance une première charge contre les régimes spéciaux et tente d'obtenir leur alignement sur le régime général. Il est obligé de reculer devant la vague de protestations et de grèves qui s'empare du pays.

Peu à peu, cependant, les critiques patronales diminuent. Les entreprises comprennent que ce système leur permet aussi de financer, avec l'aide de l'ensemble de la collectivité, des évolutions qu'elles auraient sinon dû assumer seules. En 1972, elles obtiennent ainsi une généralisation du mécanisme de préretraite permettant aux salariés de partir à 55 ans avec une garantie de 70 % du salaire. Elles en useront et abuseront, avec l'assentiment des gouvernements successifs et de l'opinion publique, persuadés que cela permet d'amortir les effets d'un chômage de masse qui se profile.

Menaces sur la solidarité : le mirage des fonds de pension

L'arrivée de la gauche au pouvoir marque la dernière avancée sociale : en 1982, l'âge légal de la retraite est ramené de 65 à 60 ans. La droite fustige la mesure, commençant à dresser le portrait d'une France de nantis, qu'elle servira pendant des années. Dans les faits, il y a longtemps que l'âge légal de la retraite n'est plus respecté dans les entreprises. Utilisant toutes les possibilités qui leur sont offertes, celles-ci poussent de plus en plus tôt les salariés âgés vers la sortie. À les entendre, ces derniers ont tous les défauts : ils coûtent trop cher, travaillent moins vite, s'adaptent moins bien, font de la résistance passive. Pourquoi les garder, alors que des jeunes attendent la place et que la collectivité est prête à assumer la charge des retraités ?

Dès le premier choc pétrolier de 1973, le taux d'emploi des salariés âgés de 60 à 64 ans tombe, passant de plus de 55 % à 35 % à la fin de la décennie 1970. Au fil des ans, on devient « vieux » de plus en plus jeune dans les entreprises. De 60 ans, on passe à 57 puis 55 ans, puis 50 ans. Il n'y a plus que 20 % à peine de la classe d'âge de 60 à 64 ans qui travaillent encore en 1982. Le même décrochage s'observe dans la classe des 55 à 59 ans. Ils étaient plus de 70 % à travailler avant le premier choc pétrolier. En 1982, ils ne sont déjà plus que 50 %. La courbe ne cessera de s'effondrer par la suite. En 2009, ils ne sont que 38 % de salariés à peine à travailler après 55 ans. C'est le taux le plus bas d'Europe. Mais la France affiche aussi le taux d'emploi le plus bas chez les jeunes de 18 à 25 ans. L'exclusion des uns nourrit celle des autres.

Cette exclusion de plus en plus rapide des salariés, ajoutée à un chômage de masse et à l'heureux allongement de la durée de la vie, finit par poser des problèmes de financement redoutables. Car le nombre des retraités ne cesse d'augmenter, tandis que celui des cotisants s'amenuise, le chômage fragilisant encore le système, ce qui menace peu à peu la pérennité de l'ensemble. Dans un premier temps, l'État, prenant le pas sur les partenaires sociaux, décide d'augmenter les cotisations pour garantir les retraites. Mais, très vite, les entreprises se font entendre : elles ont trop de charges, elles ne veulent plus payer. L'État doit prendre une partie à sa charge. Dès le milieu des années 1980, des mesures d'exemption et d'aides, sans cesse élargies, vont être mises en place, qui vont peu à peu miner le système.

Tandis qu'une partie du monde patronal est encore à revendiquer sur le thème de l'écrasement des charges, certains dirigeants économiques voient déjà beaucoup plus loin : ils veulent une remise en cause profonde de tout système de retraite par répartition. Les plus libéraux d'entre eux ne cessent de se référer, dès le début des années 1980, au modèle de retraite par capitalisation – lequel tombera en faillite au début des années 2000 – mis en place dans le Chili de Pinochet par les *Chicago boy's*, ces économistes qui se réfèrent à l'école de Chicago formée autour de Milton Friedman, référence absolue du libéralisme anglo-saxon. Mais la vraie conversion du milieu des affaires et d'une partie du monde politique vient avec les privatisations.

La déréglementation financière et la mise en Bourse de la plupart des groupes privés leur font en effet découvrir de nouveaux acteurs : les fonds de pension. Gérant les économies des particuliers américains et britanniques que ces derniers constituent en vue de leur retraite – ils n'ont aucun système de protection garanti à côté –, ces fonds se retrouvent à la tête de centaines de milliards de dollars. Et ils investissent partout, devenant des actionnaires puissants dans les groupes, imposant des normes de rentabilité, dictant leur conduite aux directions. Brutalement confrontés à ces puissances, les grands groupes français convainquent vite la classe politique, au nom du patriotisme économique, qu'il faut des fonds de pension français. Ce sera la seule arme, selon eux, pour les protéger des rapacités de la finance internationale.

Dans leur démonstration, ceux-ci passent volontairement sous silence le fait que le taux d'épargne des Français est le plus élevé au monde après celui du Japon. Ces centaines de milliards sont déjà dans leur grande majorité gérées par les banques et les assurances par le biais de placements collectifs. Où passe cet argent ? Comment se fait-il qu'il ne soit pas recyclé dans l'économie en France, que les groupes financiers français ne soient pas des actionnaires à long terme des entreprises ? Personne ne pose la question. Car on ne veut qu'une seule réponse : il faut mettre en place des systèmes de retraite par capitalisation afin de faciliter l'émergence de fonds de pension français.

Le principe séduit autant la droite qu'une partie de la gauche. En 1991, Michel Rocard, alors Premier ministre, crée un Observatoire des retraites qui a pour objet « d'encourager l'étude et l'analyse de tous les systèmes de retraite français et étrangers par répartition et par capitalisation ; de faciliter l'accès à une information objective et sûre dans ce domaine ; d'assurer la liaison avec la Communauté européenne ». Ainsi, l'idée que quelque chose ne va pas dans le système d'assurance vieillesse commence à s'installer dans l'opinion publique. En mai 1991, un Livre blanc sur les retraites est publié. Surprise ! Tous les débats tournent autour de la répartition et de la solidarité nationale.

Le décor est planté. Au cours des discussions de ce début des années 1990, une proposition surgit bien. Elle est lancée par Pierre Bérégovoy, alors ministre des Finances. Pour garantir le système des retraites, celui-ci suggère que le capital de l'ensemble des groupes qui sont encore publics soit apporté aux caisses de retraite. Dans son esprit, ce ne serait que justice de faire bénéficier à l'ensemble de la Nation ce qu'elle a contribué à créer et à développer. De plus, cela permettrait d'apporter des fonds supplémentaires grâce aux dividendes versés. Chacun s'empresse d'enterrer au plus vite cette suggestion iconoclaste, qui n'est vraiment pas dans l'air du temps. Non, pour résoudre le déséquilibre prévisible du système de retraite, il faut une réforme en profondeur ; et faire comprendre aux actifs qu'ils ne peuvent plus compter sur la collectivité pour assurer leurs vieux jours, qu'ils doivent se constituer chacun une épargne particulière en vue de leur retraite.

La droite s'attaque au système

Quand la droite revient au pouvoir, elle décide qu'il est temps désormais de passer à l'action. Dans la torpeur de l'été 1993, sans la moindre concertation avec les partenaires sociaux, le gouvernement Balladur adopte la plus vaste réforme du régime général jamais entreprise, par décret ! Officiellement, l'âge de la retraite reste inchangé à 60 ans. Mais tout aboutit à miner de l'intérieur cette disposition, car la durée de cotisation pour obtenir une retraite complète passe de 37,5 ans à 40 ans. Le salaire annuel moyen, qui sert de base au calcul de la pension, n'est plus calculé sur les 10 meilleures années mais sur les 25. Enfin, l'indexation des retraites ne se fera plus sur l'évolution des salaires, mais sur les prix, ce qui coupe les retraités de toute la croissance future du pays.

Dans la foulée, le patronat impose en 1996 une réforme des caisses complémentaires (AGIRC, ARRCO), auxquelles chacun cotise en fonction de sa catégorie, accumulant des points pour sa retraite. Pour éviter une augmentation des cotisations, le patronat obtient que la valeur du point soit calculée à l'avenir en fonction de l'indice des prix, tandis que les cotisations sont calculées sur les salaires. Cette différence de mécanisme permet de réaliser instantanément des économies substantielles. La mesure devait n'être que provisoire, le temps de redresser les comptes des caisses complémentaires. Treize ans après, elle est toujours en vigueur.

Des économistes ont chiffré par la suite le coût de ces réformes. Selon l'Institut de recherches économiques et sociales (IRES), la réforme Balladur a provoqué dans le temps une baisse de l'ordre de 36 % du niveau des retraites, en raison du changement du mode de calcul. De 1990 à 2006, le « taux de remplacement » – c'est-à-dire le montant de la retraite (régime général + caisses complémentaires) comparé au revenu en activité – est passé de 85 % à 73 % pour les non-cadres, de 78 % à 58 % pour les cadres. Le seul changement d'indexation sur les prix a fait perdre 12 % de pouvoir d'achat aux retraités en dix ans.

Parallèlement, les gouvernements ont multiplié les mesures d'exemption fiscale pour inciter les Français à se constituer une retraite personnelle. Dès 1994, la loi Madelin instituait des fonds de pension totalement défiscalisés pour les artisans et les commerçants. Les programmes d'assurance retraite étaient vivement encouragés, bénéficiant de largesses fiscales, tout comme les plans d'épargne et de retraite d'entreprise. Les plus riches et les plus avisés en profitent, les autres...

Sur ces épargnants avisés soutenus à grands frais par la collectivité, pas un mot ne sera prononcé. En revanche, les fonctionnaires et les bénéficiaires des régimes spéciaux n'éviteront pas la stigmatisation. La réforme Balladur a de fait aggravé l'écart entre le régime général et celui de la fonction publique, qui en contrepartie de salaires moins élevés bénéficie de conditions de retraite plus avantageuses. La droite ne se privera pas de mettre du sel sur les plaies, en pointant du doigt les « privilèges » des fonctionnaires qui ont en plus la garantie de l'emploi. En 1995, le gouvernement Juppé tente d'imposer l'alignement de leurs régimes sur celui du régime général. Au bout de cinq semaines de grève, marquée par une paralysie totale des transports, il doit renoncer. En 2003, François Fillon, alors ministre des Affaires sociales, réussit partiellement là où son prédécesseur avait échoué : il impose 40 ans de cotisations pour tous en 2008 et 41 ans à partir de 2012, mais la référence pour le calcul de la retraite des fonctionnaires reste les six derniers mois de carrière et non 25 ans comme pour le régime général. En 2008, Xavier Bertrand, ministre des Affaires sociales, complète le dispositif en alignant à leur tour les régimes spéciaux (SNCF, RATP, etc.) sur la norme commune À l'usage, il se révèle que les compensations qu'il a fallu accorder coûteront plus cher que le maintien en l'état des régimes. Mais qu'importe ! Nicolas Sarkozy voulait cette victoire politique, quel qu'en soit le prix.

Aujourd'hui, le système français de retraite ressemble à un paysage dévasté. C'est le temps du chacun pour soi. Tous les mécanismes de solidarité nationale et entre les générations ont été cassés. « Le système est devenu opaque et illisible », notaient en 2008 les économistes Antoine Bozio et Thomas Piketty : « Ce système où chacun suspecte les autres de mieux tirer parti que lui-même des avantages en vigueur finit par miner le consensus démocratique autour de la retraite [1]. » La suspicion règne. Les cotisations sont assimilées à un impôt supplémentaire, sans réelle contrepartie. Personne n'est capable de dire quelle retraite il va toucher, encore moins d'avoir la moindre garantie sur l'avenir. Les difficultés de plus en plus grandes rencontrées par nombre de retraités, la paupérisation réelle de nombre d'entre eux sont, pour beaucoup, la face émergée du péril à venir.

Avant même la crise financière, Nicolas Sarkozy et François Fillon avaient inscrit dans leur programme une nouvelle réforme des retraites. La crise financière, la dégradation à vue d'œil des comptes sociaux la rendent encore plus obligatoire, selon eux. Que préconisent-ils ? Une refondation du système en s'inspirant du modèle suédois, par exemple ? Pas du tout. Une remise en ordre des exemptions et niches fiscales accordées aux particuliers et aux entreprises, qui coûtent plus de 20 milliards d'euros par an à la Sécurité sociale, dont 4 milliards environ au seul système de retraite ? Pas plus. Dans l'esprit du gouvernement, il ne peut s'agir que d'approfondir le sillon déjà tracé : pour répondre à l'allongement de la durée de la vie et rétablir l'équilibre du système, l'âge de la retraite doit être reculé de 60 à 65 ans, voire 67 comme en Allemagne ; et la durée des cotisations doit être allongée de 41 à 43 ans, peut-être 45. Une réforme qui répond en tout point aux grandes lignes arrêtées par la

---

1 Antoine Bozio et Thomas Piketty, *Pour un nouveau système de retraite. Des comptes individuels de cotisations financés par répartition*, Éditions Rue d'Ulm Paris, 2008.

Commission européenne en 2002, lors du sommet de Barcelone.

En 2010, pour répondre à l'exclusion constante des salariés les plus âgés du monde de l'entreprise, le gouvernement a déjà un projet : il se propose d'instituer des contrats à durée déterminée pour les salariés de plus de 55 ans, afin de leur permettre de continuer à travailler tout en touchant leur retraite. Au risque de créer une nouvelle catégorie : les vieux précaires. De même, il sera quasiment impossible de toucher une retraite à taux plein si la durée de cotisation est repoussée à l'infini. Là aussi, le gouvernement a une réponse : renforcer l'épargne personnelle et favoriser enfin l'émergence des fonds de pension qui n'arrivent toujours pas à voir le jour.

Face à ce programme qui parachève l'entreprise de démolition du système conçu soixante-cinq ans plus tôt par le programme du CNR, aucun contre-projet, aucune contre-proposition, ne semble émerger dans le monde politique. La question de la solidarité nationale reste à réinventer.

5

Les banques hors de tout contrôle

Martine Orange

Une victoire. Une vraie victoire. Le gouvernement socialiste n'en finit pas de se réjouir ce 13 février 1982. Après une longue bataille parlementaire, le décret de nationalisation vient d'être publié. Les neuf plus grands groupes industriels vont passer sous le contrôle de l'État, mais aussi la quasi-totalité du secteur financier. Trente-six banques sont aussi sur la liste, dont les plus prestigieuses, Paribas, Suez, Rothschild, Worms, le Crédit commercial de France, le Crédit du Nord, La Hénin. Le secteur financier public va contrôler plus de 90 % des dépôts en France. Ce qui doit permettre de réorienter l'épargne vers les investissements industriels, en faire le « fer de lance » de l'économie française, comme le dit le gouvernement.

L'opposition de droite, elle, s'étrangle et parle de « collectivisation ». Plus rien ne va échapper à l'État, qui va contrôler l'argent. Jamais la puissance publique n'a eu un tel pouvoir. Même à la Libération, le gouvernement n'avait pas osé aller si loin, clament alors les ténors de la droite.

Nationalisations bancaires limitées à la Libération

Retour aux origines. La vague de nationalisations de 1945 épargne relativement les banques. Le 2 décembre 1945, le gouvernement annonce la nationalisation de la Banque de France, déjà en partie nationalisée en 1936, celles du Crédit lyonnais, de la Société générale, de la Banque nationale du commerce et de l'industrie et du Comptoir national de l'escompte de Paris. Quatre grandes banques seulement. Bien moins que ne l'aurait voulu une partie de la coalition gouvernementale.

Le débat a fait rage pendant quelques mois sur cette question au sein du premier gouvernement issu de la Résistance. Communistes, MRP et radicaux réclament une nationalisation large, incluant les banques d'affaires. Le général de Gaulle, chef du gouvernement, dit lui-même qu'il faut une nationalisation du système bancaire afin de contrer l'influence des banques, « assez puissante pour faire échec à l'intérêt général ». Mais, en face, la riposte est vive : le monde des affaires est totalement hostile à une nationalisation massive des banques françaises, surtout des banques d'affaires. Les hauts fonctionnaires des Finances sont sur la même ligne : une nationalisation massive, selon eux, couperait le système financier français du reste du monde et empêcherait l'État de se financer normalement. Ils parlent de l'ensemble du système financier et pas seulement des banques d'affaires. Mais, à l'époque, ce sont surtout ces dernières qui organisent les émissions de titres – obligations, dette publique – et qui sont en relation avec les autres établissements étrangers.

Le ministre des Finances René Pleven (gaulliste) se fait leur porte-parole au sein du gouvernement. Une nationalisation des banques d'affaires, explique-t-il, n'est pas souhaitable, car « ces banques utilisent des capitaux à risque qui ne sauraient supporter un contrôle de l'État, contraire à la logique du service public ». Et, pour faire bonne mesure, il met en avant le comportement exemplaire des dirigeants de la Banque de Paris et des Pays-Bas (futur Paribas), une des principales banques d'affaires de l'époque, qui pendant la guerre ont rejoint la Résistance. L'argumentation de René Pleven finit par l'emporter. La Banque de Paris et des Pays-Bas, comme toutes les autres banques d'affaires ou familiales, ne sera pas nationalisée.

Une deuxième vague de nationalisations intervient en mai 1946. Trente-quatre compagnies d'assurance passent sous le contrôle de l'État. Mais le sujet ne soulève alors pratiquement aucune objection : les compagnies d'assurance sont pratiquement toutes en faillite à la sortie de la guerre. Elles sont incapables de faire face aux demandes d'indemnités de guerre, ni même d'assurer les retraites des épargnants qui ont cotisé et se retrouvent ruinés. Dans la foulée, deux réseaux mutualistes sont quasiment nationalisés, ceux du Crédit agricole et du Crédit populaire (future Banque populaire). Enfin, l'État se dote de trois organismes bancaires étatiques pour favoriser la reconstruction et le développement de l'économie : la Banque française du commerce extérieur, afin de financer les exportations ; le Crédit national, qui doit aider au financement des entreprises ; et le Crédit foncier, spécialisé dans le logement.

Plus discrètement, René Pleven adopte au même moment un décret permettant aux banques d'affaires de devenir aussi des banques commerciales, ce qui leur permet de recevoir des dépôts. C'est le début du renouveau pour tous les groupes familiaux comme Rothschild ou Worms, qui peuvent appuyer l'essor de leur empire industriel et commercial sur leur banque. Mais c'est surtout l'envol de la Banque de Paris et des Pays-Bas, puis plus tard de Suez, ce dernier devenant une banque à part entière après la nationalisation du canal en 1956. Drainant toute l'épargne des entreprises et des grandes fortunes, ces établissements deviennent le point de passage obligé du monde des affaires. Ces groupes deviennent les principaux actionnaires du monde industriel français, imposant et contrôlant tout avec parfois à peine quelques pour cent dans le capital, nommant les dirigeants, jouant les marieurs entre les entreprises quand leurs intérêts sont en jeu. En quelques années, ces deux banques deviennent ainsi les ministères de l'Industrie *bis* de la France.

Les quatre grandes banques nationalisées pèsent peu en face de ces puissances. Certes anciennes et très installées en France, elles servent de relais aux pouvoirs publics et aident au financement de l'économie. Mais leur pouvoir est relatif : la « bancarisation » des Français est encore très faible, à peine un ménage sur trois dispose d'un compte bancaire à la fin des années 1950, ce qui ne leur permet pas de capter énormément de capitaux. Et leurs dirigeants s'impatientent de voir leur élan brisé par la tutelle étatique. Ils ont beau veiller à être très en cour auprès du pouvoir gaulliste, ils aimeraient bien goûter au pouvoir de l'argent.

La déréglementation financière commence avec les socialistes

Profitant de la période d'expansion des Trente Glorieuses, le gouvernement gaulliste commence à desserrer l'étau. En 1966, il lève déjà les premières contraintes : la Banque nationale du commerce et de l'industrie (BNCI) est autorisée à se rapprocher du Comptoir national de l'escompte de Paris. Ensemble, ils créent la Banque nationale de Paris (BNP). En 1967, Michel Debré lance la première réforme du marché boursier, qui permet aux banques nationalisées de devenir des acteurs de poids à la Bourse de Paris. En 1968, à la suite des accords de Grenelle, la mensualisation est décidée pour l'ensemble des salariés. Mais le gouvernement impose aussi que ces salaires soient versés sur un compte bancaire. Cette mesure, *a priori* technique, va faire la fortune des grandes banques de dépôt. Car, dans les faits, tout salarié est désormais obligé d'avoir un compte bancaire. Une grande majorité se tourne vers les comptes postaux ou les quatre banques publiques. Celles-ci se retrouvent à la tête d'une masse financière immense – l'argent de tous les Français – à laquelle elles ne pouvaient accéder jusqu'alors.

Dès lors, les quatre banques nationalisées n'ont plus qu'une idée en tête : secouer le joug étatique qui selon elles les bride. En 1973, une première brèche est ouverte. Le ministre des Finances Valéry Giscard d'Estaing autorise l'ouverture du capital des banques publiques aux salariés. La première crise pétrolière arrête le mouvement : au moment où l'inflation galope, l'économie chancelle et le gouvernement, y compris le supposé très libéral Premier ministre Raymond Barre, ne veut pas lâcher le contrôle d'un des instruments qu'il considère essentiels pour piloter l'économie française.

Voulues par la gauche à son arrivée au pouvoir en 1981, les nouvelles nationalisations semblent totalement arrêter le mouvement. Mais, loin d'être l'instrument d'une réorientation de l'épargne comme l'avait pensé le gouvernement de gauche, elles sont plutôt une source de pertes. Les actionnaires privés ont été généreusement dédommagés lors de la nationalisation, mais ils laissent derrière eux des champs de mines et de ruines. Ils n'ont pas apporté l'argent suffisant aux banques pour se moderniser et faire face aux pertes liées à la crise économique. Pendant deux ans, l'État remet de l'ordre : il renfloue les banques, nettoie les bilans, organise des rationalisations. Et il commence aussi à tracer la voie vers le retour au privé.

Car les nationalisations de 1982 n'ont pas été faites avec le soutien unanime de la gauche. Nombre de socialistes, emmenés par Michel Rocard et Jacques Delors, prônaient une nationalisation moins large du système bancaire et, surtout, recommandaient un contrôle à 51 % plutôt qu'à 100 %, ce qui aurait suffi, selon eux, à assurer le contrôle des banques sans dilapider l'argent public et les couper des marchés financiers. Ils ont perdu cette première bataille, mais ne désarment pas. D'autant que les idées libérales, alors triomphantes au Royaume-Uni et aux États-Unis, cheminent dans les esprits, y compris à gauche. En 1984, Pierre Bérégovoy, alors ministre des Finances, très influencé par son directeur de cabinet Jean-Charles Naouri – lequel sera par la suite accueilli chez Rothschild avant de devenir le puissant mais discret propriétaire du groupe de distribution Casino –, lance une vaste réforme du marché financier français. Ouverture totale des échanges, suppression de l'intermédiation bancaire autorisant les entreprises à lever directement et à moindre coût de l'argent sur les marchés, dématérialisation des titres, lancement des marchés des produits dérivés : c'est l'heure du « Big Bang » et la déréglementation financière, déjà à l'œuvre au Royaume-Uni et aux États-Unis, se met en marche en France. L'économie plonge dans l'ère de la finance mondiale. Sans que personne n'en mesure réellement toutes les conséquences.

Les privatisations des années 1990

Les banques, qui voient une partie de leurs revenus liés aux entreprises leur échapper, n'entendent pas être en reste : elles veulent participer au grand jeu de la finance mondiale qui se dessine. Mais, pour cela, il leur faut retrouver leur liberté par rapport à l'État. Elles n'ont aucun mal à convaincre une droite qui s'apprête à retrouver le pouvoir et qui a fait de la privatisation un de ses chevaux de bataille pour la campagne électorale de 1986. À peine élue, celle-ci engage tout de suite le programme : en moins de deux ans, le CCF, la Société générale et, naturellement, Paribas et Suez sont privatisés.

Revenue au pouvoir en 1988, la gauche tente de reprendre le contrôle de la Société générale. Mais l'opération est si mal montée qu'elle capote – une poignée d'affairistes menant l'attaque et une partie du secteur, notamment l'UAP, alors premier groupe d'assurance français, refusant de suivre. La politique du « ni-ni » (ni nationalisation ni privatisation) est décrétée par François Mitterrand. L'intermède ne durera que deux ans. Dès 1991, les privatisations repartent. Elles ne s'arrêteront plus, sous la droite comme sous la gauche. Le Crédit local de France, BNP, le CIC, La Hénin, tout y passe. De 1986 à 1994, l'essentiel du secteur bancaire et financier va retourner au privé. Il ne restera à cette date, comme grande institution, que le Crédit lyonnais, imprivatisable à l'époque en raison de ses pertes.

Car le libéralisme a gagné tous les esprits. En 1993, le scandale du Crédit lyonnais achève de décrédibiliser toute idée de contrôle public sur le secteur bancaire. Comment une banque si puissante a-t-elle pu se fourvoyer dans tant de dossiers pourris ? Pourquoi les organismes de contrôle public, en particulier au ministère des Finances, n'ont-ils jamais donné l'alerte et arrêté cette fuite en avant ? Bien des années après, toutes ces questions demeurent. Comme celles qui entourent les faillites équivalentes du Comptoir des entrepreneurs ou du Crédit foncier. Les banques privées, elles, se gardent bien de parler de leurs déboires, identiques – notamment dans l'immobilier – à ceux que connaissent les banques publiques, et organisent dans la plus grande discrétion des structures de portage, en attendant la fin de la crise immobilière.

Face à ces désastres, la gauche n'ose plus parler et achève de se rallier, avec la foi du nouveau converti, aux idées libérales. « En juin 1997, j'ai découvert avec effarement l'étendue du désastre du secteur financier public. Le gouvernement aurait pu n'être qu'un syndic de faillite. Remettre de l'ordre, solder les comptes auraient été les maîtres mots d'une vulgate purement comptable. Cela n'a pas été le choix : Lionel Jospin a placé l'intérêt national au cœur de la stratégie du gouvernement à l'égard du secteur public », argumente Dominique Strauss-Kahn, alors ministre des Finances, dans *Le Monde* du 6 juillet 1999. L'« intérêt national », pour lui, se décline sous la forme de privatisations. Plus rapides même que celles menées par ses prédécesseurs de droite.

Sous sa conduite, les dernières privatisations bancaires s'achèvent. Le Crédit lyonnais est mis partiellement en Bourse ; les derniers groupes d'assurance, AGF et Gan, passent sous contrôle privé avant de disparaître, engloutis par des groupes mondiaux. On laisse se dérouler sans intervenir les grandes manœuvres de rachat, Axa prenant le contrôle de l'UAP, BNP reprenant Paribas : dans le jeu mondialisé de la finance, la France se doit d'avoir ses « champions nationaux », ses mastodontes.

Pas un instant, même à gauche, il n'est envisagé de conserver au moins quelques banques sous contrôle public. Avec l'avènement de la monnaie unique européenne en 1999 et de la mondialisation des marchés, à quoi peuvent servir de tels dinosaures, interrogent les hauts fonctionnaires des Finances qui ont l'oreille du gouvernement. Les marchés pourvoiront à tout. Dans la foulée, l'État se débarrasse même des bras financiers créés à la fin de la guerre pour aider au financement de l'économie. Le Crédit national reprend la Banque de financement du commerce extérieur au moment de sa privatisation, puis l'ensemble est racheté par les Banques populaires. Le Crédit foncier va aux Caisses d'épargne. Et les deux réseaux mutualistes font la course pour savoir quel sera le premier qui enterrera ses origines pour devenir une grande banque comme les autres. Au bord de l'asphyxie, les Caisses d'épargne seront fusionnées avec les Banques populaires en février 2009, l'État leur apportant 5 milliards d'euros pour éviter l'effondrement.

Sarkozy président : la Caisse des dépôts au service du privé

Lorsque Nicolas Sarkozy arrive à l'Élysée en mai 2007, l'essentiel du travail est donc achevé. Le monde bancaire français est de plain-pied dans la finance mondiale. La crise financière de 2008 viendra illustrer ce que cela signifie. En urgence, l'État est obligé de débloquer 20 milliards d'euros pour aider les banques et de leur accorder 90 milliards d'euros de garantie pour continuer à assurer le financement de l'économie. Tout cela a été accordé sans contrepartie : le gouvernement n'a demandé ni actions ni sièges dans les conseils d'administration. Il ne s'agit pas de faire entrer à nouveau l'État dans les banques, plaide le monde bancaire. Le financement de l'économie n'est même pas assuré : les banques s'étaient engagées, contre le versement des aides, à augmenter de 4 % la distribution de crédit aux entreprises et aux particuliers. Mais, fin 2009, la croissance de la distribution du crédit était partout inférieure à 1 %.

Il ne reste plus que deux institutions publiques dans le monde bancaire : la Caisse des dépôts et consignations et la Banque postale. Mais elles gênent beaucoup les banques privées. Le gouvernement Sarkozy/Fillon s'est très vite attaqué à leur affaiblissement, en commençant par mettre à bas le Livret A. Moyen d'épargne défiscalisé favori des Français, compte bancaire pour les plus démunis, le livret A est aussi l'outil de financement de tout le logement social en France. Il énerve au plus haut point les banques : elles n'y ont pas accès, la distribution du Livret A étant réservée jusque-là aux Caisses d'épargne et à la Banque postale, le produit étant centralisé à la Caisse des dépôts – qui finance par ce biais tous les organismes de logement social, à des taux préférentiels.

Arguant d'une concurrence déloyale et d'une décision de Bruxelles, les banques privées obtiennent du gouvernement de pouvoir distribuer aussi le Livret A à partir du 1er janvier 2009. Mais elles changent les clés de répartition : la Caisse des dépôts ne centralisera plus que 60 % des dépôts, le reste devant servir au financement des PME assuré par les banques. Dans le même temps, le gouvernement change les règles de calcul du taux d'intérêt : de 4 % en 2008, celui tombe à 1,25 % en avril 2009. Jamais ce taux n'avait été aussi bas depuis la création du Livret A en 1818. Conséquence : les épargnants fuient le Livret A, les banques s'empressant de leur vanter leurs produits maison, bien plus intéressants. Les organismes de logement social, eux, tirent la sonnette d'alarme : à ce rythme, préviennent-ils, ils n'auront plus les financements suffisants dans trois ans.

Pour la Caisse des dépôts, le coup est rude. Mais ce n'est que le premier porté à cette institution créée en 1816 et placée sous le contrôle du Parlement pour veiller sur l'épargne des Français. À la faveur de la crise financière, la Caisse a été priée d'apporter le surplus du Livret A, 20 milliards d'euros environ, pour aider au financement des PME. Le gouvernement a exigé aussi qu'elle vole au secours de groupes amis en difficulté, en prenant des participations. Comme cela ne suffisait pas, Nicolas Sarkozy a créé en 2008 un Fonds d'investissement stratégique (FIS). Un fonds totalement à sa main, qui échappe au contrôle du Parlement et qui est censé devenir actionnaire d'entreprises prometteuses. La Caisse des dépôts a été priée de lui apporter toutes ses grandes participations financières (EADS, EDF et autres) et plus de 2 milliards d'euros de financement. Sollicitée à chaque instant, la Caisse des dépôts est en train d'épuiser ses dernières réserves. Un jour, on se demandera peut-être où est passée l'épargne des Français...

Quant à la Banque postale, c'est le morceau de choix dans la privatisation en marche de la Poste. En 2010, personne ne souhaite hériter des services du courrier, trop contraignants et pas assez rentables. En revanche, le monde bancaire commence à se disputer les services bancaires de la Poste. Déjà, des alliances ont été nouées avec la Société générale, avec la banque Oddo et d'autres organismes. Mais certains rêvent à davantage : une absorption en bonne et due forme. Tout cela avec l'assentiment de la direction de la Banque postale, qui commence à trouver aussi que la tutelle de la Poste et les obligations de service public sont bien contraignantes. Que la Banque postale puisse être le dernier service bancaire accessible dans le monde rural, qu'elle soit le dernier guichet autorisé pour les plus démunis, là où ils peuvent recevoir les allocations de chômage, de retraite ou le RSA, semblent peu peser. La direction de la Banque postale rêve de jouer à son tour avec les grands.

Et le gouvernement de François Fillon n'y voit aucun inconvénient...

6

Presse : « La honte de ce malheureux pays »

François Ruffin

Dans la capitale, les armes bruissent encore ce 21 août 1944. Mais, pour la première fois, *Combat* est diffusé légalement, avec à sa une un éditorial d'Albert Camus, au lyrisme contenu : « Il aura fallu cinq années de lutte obstinée et silencieuse pour qu'un journal, né de l'esprit de résistance, publié sans interruption à travers tous les dangers de la clandestinité, puisse paraître enfin au grand jour dans un Paris libéré de sa honte. Cela ne peut s'écrire sans émotion. » Lui titre tout bonnement : « Le *Combat* continue. » Car le regard du philosophe est tourné vers l'avenir, vers de nouvelles batailles : « Nous avons gagné notre libération, il nous reste maintenant à conquérir nos libertés [1]. »

Ses camarades et lui rêvent alors d'une « presse claire et virile, au langage respectable », avec bien sûr une « indépendance vis-à-vis du capital » [2], dans la droite ligne d'un

1 *Combat*, 20 août 1944.

2 *Combat*, 1er septembre 1944.

programme du CNR qui promet « la liberté de la presse, son honneur et son indépendance à l'égard de l'État, des puissances d'argent et des influences étrangères ». Sauf que l'horizon s'est vite obscurci. Les lois ne sont pas à la hauteur de leurs espérances, les ordonnances pas suivies de décrets d'application, la « concentration » pas prohibée pour toujours : de quoi « écraser la presse actuelle – la seule presse libre que la France ait jamais eue – sous le poids et la concurrence de l'argent », regrette Pascal Pia, le directeur de *Combat*[3].

Le banquet des féodaux

Deux ans plus tard, déjà, voilà *son* journal « écrasé ». Dès 1947, tandis qu'Hachette se paie 50 % de *France Soir*, de *Elle*, de *France-Dimanche*, tandis que la presse commerciale signe son retour, le plus intellectuel des quotidiens chavire : *Combat*, racheté à 50 % par l'homme d'affaires Henri Smadja. Sans une hésitation, Camus quitte alors son poste : « Nous étions désarmés, puisque nous étions honnêtes. Cette presse, que nous voulions digne et fière, elle est aujourd'hui la honte de ce malheureux pays. Mais quelque chose reste, du moins, c'est la fraternité que quelques hommes ont scellée dans le danger et l'effort quotidien[4]. »

Cette époque apparaît, pourtant, *a posteriori*, comme un âge d'or pour la presse. Les « groupes » n'en sont qu'à leurs balbutiements. En province, grâce aux journaux communistes

---

3 *Combat*, 28 janvier 1945.

4 Lettre à Touratier, août 1948.

notamment, subsiste un pluralisme. La publicité ne représente que 20 % à 30 % des recettes – contre le double aujourd'hui. Et Henri Smadja, amoureux de sa rédaction comme d'une danseuse, passerait désormais pour un gentil fantaisiste. Le jugement d'Albert Camus tombe néanmoins, tranché : « La honte de ce malheureux pays. » Que penserait-il alors, ce dimanche 6 mai 2007 ?

Ce soir-là, au Fouquet's, ils sont venus, ils sont tous là, les magnats des médias, tous réunis autour de l'heureux élu. Il y a Bernard Arnault, témoin du mariage entre Nicolas et Cécilia, qui troquera bientôt *La Tribune* pour *Les Échos* : le premier journal économique du pays entre les mains de la première fortune de France, tout est en ordre. Il y a le second témoin de mariage, que le président bientôt divorcé appelle chaque matin, Martin Bouygues, patron de la première chaîne de télévision d'Europe, TF1, et de la première chaîne d'information du câble, LCI. Il y a Vincent Bolloré, propriétaire d'un jet privé et d'un yacht qu'il prêtera demain au vainqueur, mais surtout propriétaire de Direct 8, *Direct soir, Direct matin,* Havas et de douze licences pour des télévisions régionales en Aquitaine, Auvergne, Bretagne, Picardie, etc. Il y a Albert Frère, voisin belge, qui préside – entre autres – le conseil de surveillance de M6. Il y a Serge Dassault, évidemment, qui propage des « idées saines » dans *Le Figaro* – tandis qu'il a revendu *L'Express* et son empire dans la presse quotidienne régionale à des fonds étrangers. À ce banquet des féodaux, ne manque que l'autre marchand d'avions, de canons et de papier, celui que Nicolas Sarkozy désigne comme son « frère » : Arnaud Lagardère, en partie maître du *Monde,* d'Europe 1, du *Journal du dimanche,* de *Cosmopolitan,* de *Paris Match,* des NMPP (Nouvelles messageries de la presse parisienne), des Relay, de *La Provence*, de *Nice Matin*, de *Var Matin* (qu'il revendra en fin d'année).

Ce que penserait Albert Camus à cette heure de la nuit, à vrai dire, on s'en doute. Mais où l'exprimerait-il, cette pensée ? Ni dans *Le Monde* ni au *Figaro*. Ni sur Europe 1 ni sur TF1. Ni dans le *Libération* de Rothschild. Même *L'Humanité* – qui a reçu des subsides de Martin Bouygues et Arnaud Lagardère, près de 20 % de son capital – ne dénonce ces seigneurs-là qu'avec précaution. Et que « sa voix libre s'essaie à dire, sans prétention, ce qu'elle en pense », comme lui-même le notait, « une armée de chiens de garde de tout poil et de toute couleur aboiera furieusement pour couvrir son écho » [5].

Boulot déjà fait

Ce 6 mai 2007, au fond, pour Nicolas Sarkozy, le boulot est déjà fait : les ordonnances du CNR sur la presse sont en lambeaux depuis longtemps. Depuis vingt ans, au moins. Depuis le grand cauchemar des années 1980.

Certes, durant la décennie d'avant, déjà, lentement, sûrement, un homme avait grignoté la presse régionale, étendu son emprise du *Centre Presse* au *Berry républicain*, du *Havre libre* à *La Nouvelle République des Pyrénées*, de *Paris-Normandie* au *Figaro*. Certes, il s'attaquerait bientôt à *L'Aurore*, au *Progrès de Lyon*, à *L'Union de Reims*, etc. Certes, cet homme, en 1947 – l'année où Camus désertait *Combat* –, s'était vu frapper de « dix ans d'indignité nationale » pour « avoir apporté de l'aide à l'Allemagne » : ce « collabo »

---

5 *Combat*, 30 avril 1947.

affichait désormais sa richesse et sa puissance. Mais justement : Robert Hersant symbolisait à lui seul la « honte de ce malheureux pays ». Il suscitait de l'hostilité à son moindre rachat.

« Non à Hersant ! » tractait ainsi en 1972 la Société des journalistes de *Paris-Normandie*, qui pestait : « D'où sort le chef de bande Robert Hersant ? De la tanière des fauves qui pullulèrent de 1940 à 1944 sur le cadavre des persécutés raciaux et des résistants. » La rédaction rouennaise recevait le soutien de personnalités, Jean Guéhenno, René Char, Vladimir Jankélévitch, Roland Dorgelès, Vercors, etc. Cette affaire provinciale suscitait un débat national : « La presse comme marchandise », s'inquiétait *Le Monde*, qui pointait « la constitution d'un énorme groupe de presse quotidienne, [...] l'ensemble possédé par un seul homme : c'est un monopole. Du monopole de l'argent, le pas est vite franchi, il l'est déjà, au monopole d'opinion » – et l'éditorialiste suggérait la « mise sous séquestre » de l'entreprise. Un tollé tel que, dans la foulée, sous Giscard, le ministre de la Culture dénonçait la « violation des principes proclamés à la Libération » et que la cour d'appel inculpait « Citizen Hersant »[6].

Malmené dans les faits, le programme du CNR ne cédait rien dans les têtes. Des journalistes aux intellectuels, des politiques à certains magistrats, un front du refus demeurait. Un jour viendrait où les cartes et les titres seraient rebattus. Il approchait à grands pas, même, ce jour : la 95e proposition du candidat François Mitterrand affirmait clairement, en 1981, que « les ordonnances de 1944 sur la presse seront appliquées ».

---

6 Patrick et Philippe CHASTENET, *Citizen Hersant*, Seuil, Paris, 1998.

Entré à l'Élysée, les choses se compliquent. Est-ce bien la priorité qu'attendent les Français ? Le risque politique en vaut-il la chandelle ? Et, si l'on démantèle Hersant, il faut également s'attaquer à Hachette ? On tergiverse, on hésite, on se divise. Les mois passent. Et quand, à l'automne 1983, sans l'appui du président, le Premier ministre Pierre Mauroy annonce une « loi antitrusts », la gauche est déjà sur le reculoir. L'offensive est menée à contretemps, alors que la droite relève la tête : en janvier 1984, lors d'une session parlementaire vraiment extraordinaire – la plus longue de la Ve République –, les députés de l'opposition, Toubon, Séguin, Madelin en tête, déposent 2 598 amendements. Au Sénat, sous la houlette de Pasqua, les entraves à la concentration sont purement supprimées. Le Conseil constitutionnel estime, enfin, que plusieurs articles ne peuvent avoir d'application rétrospective. Et même l'instruction judiciaire ouverte sous Giscard s'enlise.

Mieux : comme les ondes sont libérées, comme la publicité est autorisée sur les antennes, Robert Hersant rachète des stations locales – Happy Radio à Lyon, Radio Chouette à Poitiers, Radio Digitale à Paris, etc. ; il en fait le réseau Chic Radio – qui rachètera bientôt Fun Radio. Et il garde un œil sur la télévision : fin 1984, le président François Mitterrand vient de confier la première chaîne privée, Canal Plus, à son ancien directeur de cabinet, André Rousselet. Et la seconde est destinée à Silvio Berlusconi, mais Robert Hersant s'associera bientôt avec lui pour lancer La Cinq. Voilà le bilan, pour les médias, de l'expérience socialiste : l'« indépendance à l'égard de l'État [avec Rousselet], des puissances d'argent [avec Hersant] et des influences étrangères [avec Berlusconi] » est assurée…

La brèche est ouverte. Revenue aux ministères, en 1986, la droite va s'y engouffrer : elle s'active aussitôt sur le terrain audiovisuel et ne fait pas dans la dentelle. Il s'agit, pas moins, d'« abroger les ordonnances de 1944 », estime le ministre de la Culture François Léotard. Car il y a « nécessité de voir émerger des groupes multimédias, au niveau régional, national et européen ». Du coup, une « déréglementation » s'impose : « Le monopole de Télé Diffusion de France devrait éclater », la Société française de production verrait son « adaptation au marché facilitée par une injection de capitaux privés », sans compter la « privatisation de TF1 » [7].

S'engageant avec des trémolos pour le « mieux-disant culturel », puis pour la « quête de sens », le champion du bâtiment Francis Bouygues raflera la mise. Le voile de ces serments, déjà bien troué, est tombé pour de bon durant l'été 2004 : « À la base, le métier de TF1, décrivait son P-DG Patrick Le Lay, c'est d'aider Coca-Cola, par exemple, à vendre son produit. Or pour qu'un message publicitaire soit perçu, il faut que le cerveau du téléspectateur soit disponible. Nos émissions ont pour vocation de le rendre disponible : c'est-à-dire de le divertir, de le détendre pour le préparer entre deux messages. Ce que nous vendons à Coca-Cola, c'est du temps de cerveau humain disponible. » Voilà qui avait le mérite de la franchise.

---

7 Journal « Soir 3 », 10 juin 1986.

Troupeau galeux

Cette sincérité a ému des députés, qui se sont dits « outrés », « choqués », « stupéfaits » : la « dignité humaine » était atteinte, l'« irréductible humain » agressé, l'« hégémonie du moins-disant culturel » consacrée. Ces réactions témoignent elles-mêmes d'un renoncement : comme si, à tout prendre, on préférait l'hypocrisie à la triste vérité. Comme si on reprochait à Patrick Le Lay son discours et non ses actes. Comme s'il s'agissait de morale et non de politique. Comme si, devant cet état de fait, il convenait de s'indigner, plutôt que d'agir par des choix, par des lois. Comme si, enfin, TF1 était la brebis galeuse d'un troupeau sain.

Que dire alors, au hasard, du *Nouvel Observateur*, cet hebdomadaire de la gauche comme il faut ? Son dirigeant, Claude Perdriel, explique clairement sa stratégie : « Comme les articles sont plutôt longs chez nous, le temps d'exposition à la page de publicité est plus grand. » Et d'estimer que « c'est une tendance générale des journaux de qualité dans le monde que de vouloir monter en gamme en se débarrassant des lecteurs inutiles pour la publicité [8] ». Voilà une ambition : écarter les trop modestes, afin de devenir un véritable « *Gala* pour riches » – un titre revendiqué par son ancien rédacteur en chef, Laurent Joffrin. C'est pourtant dans ces colonnes, entre deux pages de réclame pour un parfum de luxe, ou une voiture de luxe, ou un bijou de luxe, ou un alcool de luxe, c'est pourtant dans ces colonnes que Jean Daniel joue régulièrement à l'héritier de Camus...

---

8 *Stratégies*, 17 septembre 2009 (citation relevée par *Le Plan B*).

Dans ce troupeau galeux, le service public n'est pas épargné par la contagion. Quel objectif fixait Jean-Marie Cavada, alors président de Radio France, à son « entreprise », qu'il comparait en 2003 à un « supermarché » ? « Dégager des gains de productivité », « faire des économies d'échelle », « j'ai un actionnaire », « nous avons une obligation de résultat », sinon « on perdrait notre place sur le marché », etc. [9]. Personne ne s'est récrié, ici.

Combien en reste-t-il de ces journaux, « affranchis de la puissance de l'État et de l'argent », qui « pourraient se vouer exclusivement au service désintéressé des idées », comme le formulait en 1944 Albert Bayet, président de la FNPF (Fédération nationale de la presse française) ? Et combien relevant – pour parler comme ce résistant – de cette « presse pourrie » qu'il faudrait « éliminer définitivement » à nouveau ?

Culture de l'impuissance

« Que devrait faire la gauche face au système des médias commerciaux ? s'interrogeait en 1999 l'historien américain Robert McChesney. D'abord et surtout, elle devrait inscrire la réforme des médias à son programme, consacrer ses forces à la question et s'efforcer d'introduire la réforme des médias dans le débat politique [10]. » Or, jusqu'ici, en France comme aux États-Unis, la gauche s'efforce, au contraire, de consacrer le moins d'énergie possible à la

---

9 *RadioActu*, 26 février 2003.

10 Robert McChesney, *Rich Media, Poor Democracy*, The New Press, New York, 1999.

question. Et, justement, ce problème, les élus et les non-élus, de gauche et même d'extrême gauche, loin de le poser, le fuient.

Quel parti, par exemple, propose le non-renouvellement de la concession attribuée à TF1 ? La renationalisation de cette chaîne ? Ou sa transformation en coopérative ? Ou avec à sa direction une société de rédacteurs ? Mille statuts sont imaginables, mais aucun n'est imaginé. Et pour les futures télévisions régionales, quelles restrictions seront prises pour freiner l'appétit des tycoons ? Et pour Internet, « googueulisé » jusqu'au fond de nos bibliothèques ? Des pans entiers de l'édition, des médias changent chaque trimestre d'escarcelle, de Vivendi Universal à Lagardère, de Lagardère à Seillière, de Seillière aux Espagnols de Planeta – et tout cela dans l'indifférence publique. Avec cent fois moins d'intérêt que, jadis, pour le petit *Paris-Normandie*…

Croisant Jack Lang, lors de l'université d'été du Medef en 2008, on le questionnait sur cette inaction du Parti socialiste : « Oui, admit-il, la gauche a été beaucoup trop molle sur le sujet. » À ses côtés, David Kessler – qui fut, entre 1997 et 2001, conseiller pour la culture et la communication auprès du Premier ministre Lionel Jospin – complétait : « Finalement, le gouvernement n'avait pas envie de lancer un énorme combat contre les groupes. C'est pour cela que finalement ça n'a pas été fait : parce que ça aurait été un énorme combat. » Mais, pour l'avenir, rien, nulle part, ni dans un discours de Ségolène Royal, ni dans un ouvrage de Martine Aubry, ni dans la nouvelle déclaration de principe, rien n'indique que sur ce front le PS se décide à agir. À porter les ordonnances de 1944 comme un étendard…

Après ce silence, cette impuissance, Nicolas Sarkozy a posé, simplement, tranquillement, la cerise sur ce gâteau de soumission avec l'adoption au Parlement, en janvier 2009, de la « loi réformant l'audiovisuel public ». Les P-DG du service public seraient désormais nommés, en direct, sur ses ordres. La publicité serait prohibée sur leurs chaînes aux heures de grande écoute, cadeau manifeste à ses amis du privé. L'espérance portée par la Résistance était morte dans (presque) tous les esprits : lui l'a seulement enterrée.

De la Résistance au « produit de presse »

Moi aussi, j'ai participé à *Combat*. Pas celui d'Albert Camus ni de Maurice Clavel : non, une pâle copie, lancée par le CFJ (Centre de formation des journalistes), durant les élections municipales de 2001 à Paris. Dans cette autoproclamée « meilleure école de journalisme en France, voire en Europe », elle aussi née de la Résistance, on nous enseignait depuis quelques mois que « la part de marché des politiques, des médias, des soft-drinks, c'est pareil », qu'« on est dans l'univers de l'information, donc de la marchandise », que, « dans les médias, on est dans la même logique que le P-DG de Procter », que « *Le Monde* est une marque, et une marque très forte », etc. Après ces leçons, il était temps de passer à la pratique : « *Combat*, ça va nous donner une visibilité dans la profession », pariait le directeur.

Les anciens élèves assurèrent, de fait, notre « visibilité dans la profession » : du *Monde* au 20 heures de PPDA, en passant par i-TV, *France-Soir*, France Inter, Arte, *Libération*, France Culture, tous entonnèrent le refrain : « Bonne nouvelle, la reparution du journal *Combat*... » Et EDF, Accor, Vivendi, Glaxo Wellcome ont « accompagné *Combat* ». D'où, au final, un « bilan globalement positif », estime la direction : « Le premier objectif, c'était de faire parler de nous... Au-delà de la vente, au-delà de l'info, c'est positif, on est amenés à créer l'événement autour d'un produit. »

Seuls trouble-fête, dans notre orgie de gloire facile : les « vieux de *Combat* ». Les rescapés du « plus grand mouvement de résistance dans la zone Sud », qui protestèrent auprès du Centre. On leur consacra en échange un article, avec des souvenirs tragiques à la clé : « Le 17 juin 1944, l'imprimerie à Lyon est encerclée par la Milice. Imprudence ou délation, on ne saura jamais. Un journaliste est abattu. "Je ne veux pas être pris vivant", souffle l'imprimeur à Marie Guezennec. Il se tire une balle dans la poitrine. Marie l'imite. La balle la blesse grièvement. Elle s'évadera de l'hôpital. » Quant au résistant Pierre Benelli, il témoigne simplement : « Pour moi, *Combat*, c'est treize mois à Mauthausen. »

Cinquante années de presse, peut-être, en raccourci : d'un côté, des hommes et des femmes qui croient à la force des mots, qui les impriment avec courage, qui les diffusent en contrebande, luttant pour leur liberté, pour des idées, pour davantage de justice. De l'autre, de jeunes techniciens de l'écrit, rédigeant un journal conformiste, sans risque ni audace, marchands de papiers qui « créent l'événement autour d'un produit », comme on vend de l'eau minérale ou des yaourts.

« De la Résistance, on accepte bien volontiers qu'hommage soit rendu à ses héros, à ses morts, à ses victimes, relevait déjà Albert Camus en 1946. Mais rappeler son esprit révolutionnaire, sa volonté de liberté, cela a paru à beaucoup un anachronisme et une incongruité. À *Combat*, dès le premier jour, en prenant comme devise "De la Résistance à la Révolution", nous entendions indiquer que la Résistance – si glorieuse qu'elle fût – n'était pas une fin, mais une étape, et que tout restait à faire [11]. »

Tout reste à faire, ou à refaire. Contre la pente de l'histoire, il faut remonter ce rocher. Et ces Sisyphe journalistes, ces Sisyphe citoyens, ces Sisyphe militants, il faut les imaginer heureux…

---

11 *Combat*, 1er janvier 1946.

7

Services publics : le rêve laminé

Martine Orange

Ils sont nombreux à se presser ce 4 octobre 2009 à la mairie du IIe arrondissement de Paris. Pour un jour, le lieu a été transformé en quartier général regroupant tous les résultats de la « votation pour la Poste ». L'enthousiasme est général. Ce vote organisé sans moyens à l'initiative d'une soixantaine d'associations est un succès. Plus de 2 millions de Français y ont participé. Et 98 % d'entre eux ont répondu *non* à la privatisation de la Poste, telle qu'elle se dessine avec le changement de statut décidé par le gouvernement.

Mais cette protestation est restée sans lendemain. Trois mois plus tard, le gouvernement fait adopter par le Parlement le changement de statut de la Poste. Les garanties pour continuer à assurer une présence postale sur tout le territoire ne sont que formelles. La loi parle de « contact postal », qui peut être assumé par une boulangerie, une épicerie ou autre, et plus seulement par un bureau de poste. Ainsi se démaille un des derniers services publics français, placé sous contrôle étatique depuis Louis XI.

Tout a été verrouillé pour éviter que le sujet ne devienne une cause nationale. Bien que la réforme constitutionnelle votée à l'été 2008 prévoie la possibilité de référendums d'initiative populaire, le gouvernement s'est bien gardé de rédiger les décrets d'application de ce texte, ce qui aurait pu permettre un vote en bonne et due forme. Le résultat était sans doute trop prévisible : dans leur grande majorité, les Français restent très attachés à la conception du service public, égal pour tous, offrant à chacun sur l'ensemble du territoire les mêmes services au même prix.

L'âge d'or des années 1960 et 1970

Cette idée du service public est le fruit d'une longue élaboration. Lorsque le Conseil national de la Résistance rédige son programme, il pense d'abord nationalisation. Il inscrit ainsi le « retour à la Nation des grands moyens de production monopolisée, fruits du travail commun, des sources d'énergie et des richesses du sous-sol ». Le principe est repris et gravé dans le marbre du préambule de 1946 à la Constitution : « Tout bien, toute entreprise, dont l'exploitation a ou acquiert les caractères d'un service public national ou d'un monopole de fait doit devenir la propriété de la collectivité », stipule l'alinéa 9 du préambule.

Le programme est tout de suite mis en œuvre. À côté des nationalisations pour faits de collaboration, à l'instar de Renault, le gouvernement du général de Gaulle adopte la nationalisation de tous les grands moyens collectifs. Toutes les mines de charbon du Nord et de Lorraine sont nationalisées pour former les futurs Charbonnages de France. Le métro parisien, exploité alors partiellement par des compagnies privées, est regroupé dans la Régie autonome des transports parisiens (RATP). La SNCF, qui a déjà été partiellement nationalisée en 1938 pour faire face aux sous-investissements des compagnies privées et à la désorganisation du réseau ferroviaire, voit son statut renforcé. Enfin, l'électricité et le gaz deviennent une priorité nationale. Plus de 800 compagnies électriques et gazières privées sont regroupées au sein d'Électricité de France et de Gaz de France. Seules quelques régies municipales, comme celles de Bordeaux, Strasbourg ou Grenoble, échappent à la nationalisation.

Dans l'esprit du gouvernement de l'époque, il s'agit d'abord avec ces opérations de faire passer sous contrôle des capitaux publics les grands moyens de production. Mais la notion de service public est encore bien floue. Ce sont des hauts fonctionnaires, des ingénieurs, les personnels et les syndicats de ces entités qui vont lui donner sa véritable acception. Issus de la Résistance, épris de modernité et de justice sociale, ils entendent construire de grands groupes modernes, offrant à tous le meilleur service possible.

Cela se décline selon eux par de multiples engagements. Pour les uns, l'enjeu est d'abord économique et industriel. Il s'agit d'utiliser les services publics pour reconstruire le pays, casser les féodalités économiques et industrielles qui le brident et en finir avec le sous-investissement chronique, aggravé par cinq ans de guerre. L'énergie et les transports sont alors rares et chers, mal organisés, laissant des pans entiers du territoire à l'abandon. De vastes programmes de rénovation doivent donc être lancés pour faire entrer la France dans la modernité. Pour d'autres, la préoccupation doit être aussi sociale. Les grands groupes nationalisés se doivent d'être une vitrine, offrant à leur personnel un statut, des salaires et des garanties d'autonomie, assurant ainsi leur engagement mais servant aussi de bastion avancé des conquêtes sociales pour l'ensemble du pays. Mais tous se retrouvent sur le fait que le service public doit être au service de la Nation. L'argent public doit servir au bien-être de tous, assurer un développement harmonieux de l'ensemble du territoire. Pour autant, insistent les esprits les plus aiguisés, nationalisation ne doit pas rimer avec subvention et paupérisation. Il importe que les groupes nationalisés aient les moyens de se développer. Cela passe par une vérité des prix, facturant le coût réel et le coût des capitaux nécessaires pour assurer les investissements futurs. Au nom de l'égalité, de l'accès garanti aux services publics, ces prix doivent être identiques pour tous, la péréquation tarifaire permettant d'apporter aux populations les plus pauvres et les plus éloignées les mêmes services qu'aux autres.

Lorsque la droite revient au pouvoir au début des années 1950, elle tente de revenir sur les nationalisations, notamment sur celle de l'électricité. Jean-Marie Louvel, ministre de l'Industrie sous plusieurs gouvernements entre 1952 et 1954, se fait notamment le porte-parole des producteurs privés et des grands industriels. Bien qu'ils aient été largement indemnisés – ils toucheront pendant des années 1 % du chiffre d'affaires d'EDF, soit autant que son comité d'entreprise –, ceux-ci ne se font pas à l'idée de voir leur échapper un secteur aussi stratégique et rémunérateur. Mais toutes ces tentatives échouent. L'esprit de la Résistance est encore vivant dans tous les partis politiques. Les Français, eux, commencent à toucher du doigt ce que veut dire « services publics » et applaudissent.

En quelques années, la France est devenue un vaste chantier. Partout, les infrastructures sont reconstruites, les campagnes commencent à être électrifiées, les moyens de production sont harmonisés. Les grands groupes publics deviennent effectivement les vecteurs de la modernisation du pays, accompagnant socialement la migration urbaine. Dans l'esprit des Français, les PTT, la SNCF et EDF-GDF sont alors synonymes d'une ascension sociale. Partout, ils sont associés au progrès.

C'est l'âge d'or des services publics. De retour au pouvoir en 1958, le général de Gaulle et, plus encore, son successeur Georges Pompidou s'appuient sur eux pour pousser à la modernisation du pays. De grands programmes sont lancés – qui seront encore les forces structurantes de l'économie dans les années 2000 –, dont profitent alors les grands groupes privés, à la fois premiers bénéficiaires de la recherche publique et premiers fournisseurs des services publics. Seuls les Charbonnages sont peu à peu abandonnés, les mines de charbon françaises étant jugées trop réduites et trop coûteuses pour répondre aux besoins du pays. Mais, pour tous les autres, innovation et modernisation sont de mise. Au moment où l'Europe abandonne le chemin de fer pour l'automobile, les bureaux d'étude de la SNCF, eux, continuent à parier sur l'avenir du ferroviaire : leurs travaux aboutiront à la création du train à grande vitesse, devenu une référence vingt ans plus tard. GDF a abandonné le gaz fabriqué à partir du charbon et lancé le développement du gisement de Lacq avant de poursuivre dans le gaz liquéfié, afin d'assurer une sécurité des approvisionnements. EDF, lui, a mené à bien un vaste programme hydraulique, que n'avaient jamais pu réaliser les compagnies privées, et se lance dès les années 1960 dans le nucléaire. Les PTT, après avoir été longtemps le parent pauvre, réussissent entre 1974 et 1980 à rattraper leur retard et à équiper plus de la moitié des Français en téléphone. Dans la foulée, ils inventent le Minitel et Transpac, précurseurs d'Internet et de la transmission des données.

Années 1990 : la gauche socialiste abandonne les services publics

Ces réussites sont saluées en France comme à l'étranger. Pourtant, alors que les idées libérales commencent à cheminer dans les esprits des « décideurs », des critiques pointent cette mainmise de l'État et son dirigisme. Les uns mettent en exergue les échecs de certains grands programmes étatiques, comme le Plan calcul (lancé en 1967 pour doter la France d'une puissante industrie informatique, il sera arrêté en 1975). D'autres entreprennent de sournoises campagnes contre les salariés des services publics, dotés d'un statut protecteur au moment où le pays découvre le chômage. Mais ces critiques ne trouvent pas de relais dans l'opinion. L'adhésion des Français aux services publics reste trop forte.

Quand la droite revient au pouvoir en 1986, elle est à court d'arguments pour demander leur privatisation. Les services publics français ne sont pas les services britanniques : ils fonctionnent bien, ont une véritable efficacité économique, garantissent à tous sur l'ensemble du territoire une offre de qualité à un prix abordable et restent à la pointe de l'innovation. Même les plus libéraux se gardent donc bien d'aborder le sujet. Mais ils ne renoncent pas cependant à s'attaquer à ces « forteresses », symboles du dirigisme étatique. Pour le moment, ils se contentent d'une seule avancée : tous les services nouveaux seront ouverts au privé. Ce qui permettra à des entreprises privées de faire leur entrée dans la téléphonie mobile, la Générale des eaux dès la fin des années 1980, Bouygues ensuite en 1994, aux côtés de France Telecom, société publique issue de la transformation, en janvier 1988, de la Direction générale des télécommunications (DGT) du ministère des PTT en « établissement public à caractère industriel et commercial » (EPIC), en vertu d'une directive européenne de mise en concurrence des services publics.

Car c'est l'Europe qui va servir de cheval de Troie aux libéraux français, de droite comme de gauche. Le traité de Rome de 1958 reconnaissait bien l'existence des services publics. Mais la Commission européenne, gagnée dans les années 1980 par les idées libérales, en a fait une interprétation toute particulière. La concurrence est alors – et toujours – son maître mot. Pour elle, le public ne saurait faire aussi bien que le privé. Il faut donc casser tous les monopoles étatiques. L'État, selon elle, ne peut être considéré comme un actionnaire normal : tout apport de capital de sa part est analysé comme une subvention visant à fausser les règles du marché. Et, pour faire bonne mesure, l'endettement des services publics est ajouté à la dette de l'État.

Une interprétation lourde de conséquences. Car les services publics sont alors dans une situation financière tendue. Ils ont mené leur modernisation sans aide de l'État, toujours aussi impécunieux, et ont tout financé par la dette. Dans le même temps, les gouvernements successifs, qui ont la maîtrise des tarifs, ont bloqué leur augmentation, voire demandé des baisses au nom de la lutte contre l'inflation et du maintien du pouvoir d'achat. Cette dégradation de leurs comptes, comme la contrainte européenne, va être largement utilisée par les hauts fonctionnaires du ministère des

Finances, nouvelle génération acquise aux bienfaits de la mondialisation et de l'économie financière. Dans toutes les enceintes du pouvoir, ils ne cessent de répéter qu'il faut réformer les services publics et ouvrir la concurrence au privé – au nom, bien sûr, de la construction européenne.

La « gauche de gouvernement » elle-même est gagnée par cette idéologie. Et c'est bien elle qui porte le premier coup décisif contre les services publics. En 1991, Paul Quilès, alors ministre des Postes, des Télécommunications et de l'Espace, lance une vaste réforme des PTT : l'ancienne Direction générale des télécommunications est coupée en deux, avec d'un côté la Poste, de l'autre France Telecom. Les statuts des personnels sont changés. Les laboratoires de recherche, où s'inventaient les technologies du futur et qui abreuvaient les industries françaises de leurs travaux, sont progressivement fermés. Le corps des X-Telecom, ingénieurs passés par Polytechnique puis se spécialisant dans les techniques des télécommunications, sera bientôt mis en extinction. Le reste suivra : en 1997, Dominique Strauss-Kahn, alors ministre de l'Économie, lance la privatisation de France Telecom. Cinq ans après, l'État devra voler à son secours pour lui éviter l'effondrement. Lancé dans la grande aventure mondiale, le groupe a en effet multiplié les acquisitions hors de prix à l'étranger et croule sous les dettes. Depuis lors, le groupe est sous pression, demandant à ses salariés d'abandonner toute notion de service public pour « faire du chiffre », tandis que les actionnaires, État en tête, réclament leurs dividendes.

La brèche étant ouverte, les gouvernements successifs s'y engouffrent. En 1994, la SNCF, qui a le plus grand mal à faire face aux charges de développement des infrastructures du TGV qu'elle a dû assumer seule, obtient du gouvernement de changer ses modes de tarification sur ces trains. Foin de la péréquation, désormais les prix du TGV seront calculés sur le même principe que ceux des compagnies aériennes : la demande fera monter le prix. Face à la colère publique, le président de la SNCF, Jean Bergougnoux, y perdra sa place en décembre 1995. Mais la réforme s'imposera. Dès cette date, tous les principes de la péréquation tarifaire des services publics explosent. Les groupes publics s'engouffreront dans les délices du marketing et des offres personnalisées.

Ces changements ne suffiront pas pour soulager les finances de la SNCF. En 1997, le gouvernement crée une nouvelle entité, Réseau ferré de France. Officiellement, il s'agit de lui transférer toutes les dettes contractées liées aux infrastructures et aux lignes ferroviaires de la SNCF, que celle-ci ne peut assumer. Dans la pratique, ce transfert acte une révolution majeure : la séparation entre les réseaux et l'exploitation, comme le recommande la Commission européenne. À l'avenir, d'autres concurrents pourront emprunter les réseaux pour y faire rouler leurs trains et concurrencer la SNCF. Mais tous les coûts fixes de gestion, d'entretien et de modernisation du réseau, ceux qu'aucune compagnie privée ne veut assumer, sont mis à la charge de l'État, les compagnies se contentant de payer un péage à chaque utilisation.

Ce qui est vrai pour la SNCF va le devenir pour le gaz et l'électricité. Là encore, le gouvernement organise la séparation des réseaux, casse l'intégration et les économies d'échelle. Dès 1996, les marchés de l'énergie sont ouverts à la concurrence pour les plus gros consommateurs, les industriels. En 2002, le gouvernement de Lionel Jospin, à l'instigation de Dominique Strauss-Kahn – qui s'est prononcé dès 1998 pour la privatisation d'EDF, alors qu'il était ministre des Finances –, accepte de signer le traité de Barcelone, qui prévoit l'ouverture à la concurrence de l'ensemble du marché de l'énergie. Les dernières protections des services publics tombent.

Années 2000 : la discrète mise à mort des services publics

Pour masquer toutes ces transformations, de nouveaux principes sont édictés par les gouvernements de « gauche » comme de droite, afin de faire croire que rien ou presque n'a changé. Nombre d'entre eux ont été inspirés par la Générale des eaux (devenue Vivendi en 1998) et la Lyonnaise des eaux (rachetée par Suez en 1997). Ces deux compagnies de distribution d'eau, qui ont échappé à la nationalisation en 1945 puis en 1981, ont frôlé la faillite au milieu des années 1990, emportées sous le flot des affaires de corruption politique, de Grenoble à Toulouse en passant par Lyon. Mais elles en sont ressorties plus puissantes que jamais. Ce sont elles qui forgent tout un corpus pour les partis politiques, Jérôme Monod, ancien président de la Lyonnaise devenu le conseiller de Jacques Chirac, étant alors un des grands inspirateurs de ces mutations.

Sous leur égide, le « service public » s'efface : il n'est plus question que de « missions de service public ». Nous aussi, font valoir ces deux compagnies, relevons de ce domaine, puisque nous fournissons l'eau, assurons son retraitement, la collecte des déchets et leur traitement, le chauffage urbain voire les transports dans nombreuses communes. Ce qui ne les empêche pas d'être privées et de veiller sur leurs dividendes… De même, ce sont elles qui familiarisent le concept de « partenariat public-privé », le privé étant censé savoir répondre au mieux aux attentes du public, sans en être lui-même le concepteur. Qu'importe si cela assure une rente perpétuelle au privé au détriment de la collectivité... Enfin, pour donner une coloration sociale à tous ces changements, le gouvernement avait institué dès 1990 un Fonds de solidarité destiné à aider les familles les plus démunies, aux attributions élargies au fil des années suivantes et auquel chaque groupe abonde. La charité prend le pas sur l'égalité.

En 2002, lorsque la droite revient au pouvoir, l'essentiel a déjà été fait. Au fil des législatures, toutes les réglementations et lois ont été adoptées pour casser les services publics et les mettre en conformité avec la norme bruxelloise. Partout la concurrence est la règle. Les directions des grands groupes de service public rêvent toutes de grand large, d'expansion internationale et de privatisation. Les actionnaires sont choyés, pendant que l'investissement se tarit au fil des années. Chaque groupe vit sur la rente accumulée par les efforts consentis pendant quarante ans, tout en rognant tous les acquis consentis à ses personnels. L'aménagement du territoire est oublié, laissant des « zones blanches », selon le jargon administratif, de plus en plus vastes dans l'Hexagone, où n'arrivent ni le téléphone portable ni Internet, où les trains ne s'arrêtent plus à aucun endroit du département, où le courrier n'est plus distribué tous les jours, où les coupures d'électricité sont admises. Quant aux tarifs, l'opacité devient totale. Une seule chose est sûre : à l'exception du téléphone, tous augmentent régulièrement au-delà de l'inflation.

Il reste alors un ultime rempart : EDF et GDF. Sans même mener bataille, le gouvernement de Lionel Jospin a entériné le principe qu'il n'était pas possible, selon les règles européennes, que les deux groupes fassent partie du même ensemble. Leur séparation étant entérinée par la gauche, la droite n'aura qu'à pousser la logique un peu plus loin. Dès 2002, le gouvernement Raffarin parle d'un changement de statut pour les deux groupes. En 2004, c'est Nicolas Sarkozy, alors ministre des Finances, qui entreprend de le mener à bien.

Opportunément, le dossier du comité d'entreprise d'EDF, qui s'est livré à nombre de financements occultes, fait alors surface. La CGT, maître d'œuvre du comité d'entreprise et toute-puissante dans les deux groupes, est mal à l'aise. Y aura-t-il un accord secret entre Bernard Thibault, secrétaire confédéral de la CGT, et Nicolas Sarkozy à ce moment-là ? Les deux intéressés le démentent, de nombreux témoins le confirment. En tout cas, le dossier du comité d'entreprise sera enterré. La réforme des statuts d'EDF et GDF sera adoptée sans l'opposition du principal syndicat. Dans la foulée, les deux groupes sont introduits en Bourse. « Jamais, je m'y engage, l'État ne descendra en dessous de 70 % du capital des deux groupes », promet alors Nicolas Sarkozy.

À peine élu à la présidence, celui-ci pourtant se renie. En septembre 2007, Albert Frère, premier actionnaire de Suez et soutien inébranlable de Nicolas Sarkozy depuis sa traversée du désert en 1995, arrache en moins de vingt minutes d'entretien la privatisation de GDF, qui piétine depuis deux ans et demi, et sa fusion avec Suez. Le groupe part avec tous les actifs constitués depuis cinquante ans (réseau gazier, stockage, terminaux méthaniers), ce qui lui assure un verrouillage du système. Dans le même temps, il est demandé à EDF, dont l'État conserve 84 % du capital, de redistribuer à des concurrents les acquis de son électricité nucléaire et hydraulique, qu'il a bâtis au fil des ans. Normal, l'un est privé, l'autre public.

Le dernier acte s'est joué à l'automne 2009. Constatant qu'EDF souffre d'une grave désorganisation et d'un sous-investissement massif, ce qui l'amène à importer de l'électricité pour répondre à la demande, le gouvernement décide de ne pas reconduire le P-DG de l'entreprise, Pierre Gadonneix. Qui nomme-t-on à la place ? Henri Proglio, le président de Veolia, la branche héritière de la Générale des eaux. Celui-ci est même autorisé à conserver la direction du conseil d'administration de son ancien groupe. Officiellement, il n'est pas question de privatisation, encore moins de fusion, juste d'un rapprochement entre certaines entités des deux groupes, comme le chauffage urbain. Mais personne ne nourrit trop d'illusions : le chemin entamé va être poursuivi. Le patronat, par la voix du Medef, toujours à l'affût, a déjà demandé d'avoir lui aussi des morceaux de l'empire.

Les grandes féodalités privées, de taille européenne désormais, sont en train de se reconstituer. Dans sa revue interne, au printemps 2009, GDF-Suez célébrait sa fusion. Son président Gérard Mestrallet, autrefois au cabinet de Jacques Delors au début des années 1980, y célébrait les grandes retrouvailles : le groupe retrouvait enfin ses racines, sur les lieux mêmes de son ancien siège avant guerre. La Lyonnaise des eaux, qui avait été privée de ses activités gazières et électriques en 1946, renouait avec son passé, se félicitait-il. Une période, qui dans l'esprit des grands groupes ne pouvait être qu'une parenthèse, était enfin close : c'en était bien fini des services publics.

8

Le travail en miettes

Martine Orange

Il fallait sans attendre effacer ces lois scandaleuses. Les Alliés ont à peine débarqué, la guerre fait toujours rage en Europe et l'issue n'est pas encore assurée. Mais déjà le gouvernement provisoire commence à mettre en application le programme du Conseil national de la Résistance. Le 27 juillet 1944, l'ordonnance d'Alger annule la Charte du travail de Vichy. Une charte qui a rompu avec tous les principes sociaux et moraux de la République et même d'avant. Sous Vichy, la liberté syndicale, instituée depuis 1884, a été supprimée, toutes les confédérations syndicales ont été dissoutes. Le droit de grève, reconnu depuis 1864, a été aboli. Les droits minimaux des salariés ont été anéantis ; ceux-ci ont l'obligation de s'inscrire au syndicat de leur corporation.

L'ordonnance d'Alger éradique toutes les lois antisociales de Vichy, rétablit la liberté syndicale. Tous les syndicats existant en 1939 et passés par la suite dans la clandestinité retrouvent droit de cité. Tous sauf un : la Confédération générale du patronat français. Officiellement dissoute elle aussi en 1941, celle-ci avait repris corps sous la forme de syndicats professionnels, qui avaient su trouver très facilement les allées du pouvoir de Vichy et s'en accommoder. Le patronat se refondera en 1946 sous le nom de Conseil national du patronat français (CNPF) et mettra à sa tête l'un des rares dirigeants résistants, Georges Villiers (1899-1982).

L'esprit de la Résistance et les lois sociales des années 1950

Reprenant les grandes lignes du programme de la Résistance, le préambule de la Constitution de 1946 inscrit dans le marbre le droit au travail, le droit au repos, la liberté syndicale et le droit de grève. Mais, dans l'esprit des rédacteurs, il s'agit d'aller encore plus loin, de fonder une vraie démocratie économique et sociale, de donner des droits sûrs aux salariés, de leur offrir des garanties « pour vivre dignement ».

Ce consensus ne durera que le souffle d'un instant. Très vite, la réalité, les intérêts particuliers et les conflits politiques commencent à saper cette grande ambition. Au printemps 1947, c'est la cassure. L'exclusion des ministres communistes du gouvernement entraîne une dramatisation de la situation sociale. Les grèves, animées par le Parti communiste et la CGT, paralysent le pays pendant des mois. Beaucoup prennent peur et commencent à redouter un basculement politique de la France : la guerre froide étend déjà son ombre menaçante sur toute l'Europe. Le gouvernement obtient le soutien de la majorité de l'opinion publique pour arrêter – durement – le mouvement.

La peur passée, les milieux politiques et les milieux d'affaires tirent plusieurs conclusions de l'épisode. Première leçon : il faut sortir au plus vite le pays de l'économie de guerre, des pénuries et des rationnements. Les aides américaines du plan Marshall arriveront à point nommé pour faciliter la reconstruction et le redémarrage de l'économie. Les tickets de rationnement seront supprimés à la fin de 1949. Mais il faudra encore des années pour retrouver une situation à peu près normale. À la fin du premier Plan (1946-1952), conduit par Jean Monnet (1888-1979), ses objectifs ne sont pas atteints : il manque encore près de 3 millions de logements en France et le niveau de vie reste des plus bas.

La seconde leçon des grandes grèves de 1947 n'est tirée que par une minorité de responsables politiques et économiques. Mais ces anciens résistants, hauts fonctionnaires et dirigeants économiques, à l'instar de François Bloch-Lainé (1912-2002) ou de Jean Monnet, sont suffisamment influents pour que leurs idées se diffusent peu à peu dans l'ensemble de la société. Pour eux, il faut créer une alliance entre les Français, salariés comme dirigeants, afin de reconstruire le pays, favoriser la croissance économique et augmenter le niveau de vie de chacun, pour contrer le communisme. L'émergence d'une large classe moyenne, comme aux États-Unis ou en Grande-Bretagne, devient le meilleur moyen d'assurer à la fois l'expansion économique et la démocratie.

Les Trente Glorieuses vont rimer avec l'âge d'or du salariat. En 1946, 37 % de la population active sont encore dans l'agriculture, contre 29 % dans l'industrie et 30 % dans le tertiaire. En 1975, il n'y a plus que 10,1 % de la population active travaillant dans l'agriculture, 38,2 % sont dans l'industrie et

51,7 % dans le tertiaire. Ces chiffres donnent la mesure des bouleversements économiques et sociaux. Dans les années 1950, ces transformations se sont accompagnées d'une multitude de lois sociales, destinées à protéger les salariés et à leur donner plus de pouvoir, lois inspirées par l'esprit des rédacteurs des *Jours heureux* – mais souvent arrachées au prix de mobilisations populaires d'envergure. En 1950, un salaire minimum interprofessionnel garanti (SMIG) est rendu obligatoire dans toutes les entreprises. Les conventions collectives supprimées par Vichy sont rétablies et le droit de grève est accordé aux fonctionnaires. En 1956, les congés payés annuels, créés sous le Front populaire, sont étendus et passent de deux à trois semaines. En 1958, l'assurance-chômage est créée afin d'aider les salariés sans travail.

À chaque réforme, le patronat renâcle. Mais l'équilibre des forces n'est pas en sa faveur. Les souvenirs de la guerre sont encore trop récents. Il a aussi besoin de plus en plus de salariés pour soutenir l'expansion, car leurs achats assurent aux entreprises un débouché tout trouvé à leurs productions, qui vient consolider leur croissance. C'est le grand bond de l'équipement des ménages : machines à laver, téléviseurs, chauffages, réfrigérateurs et, surtout, automobiles. Les standards de confort et de vie américains deviennent la référence.

Cela n'empêche pas des foyers de tensions. Dans certaines industries, les directions créent leur syndicat maison : ces « syndicats jaunes » visent à contrer la puissance jugée menaçante des syndicats légaux, en particulier la CGT, classée comme « dangereuse ». L'industrie automobile, comme l'industrie minière, commence aussi à faire venir massivement de la main-d'œuvre émigrée du Maghreb ou d'Afrique – pour « casser l'emploi et les hausses de salaire des

Français », accusent les syndicats ouvriers. Pour suppléer aussi au manque de main-d'œuvre, les Français se détournant de ces métiers durs, mal considérés et peu rémunérés.

Le retour du pouvoir gaulliste en mai 1958 marque temporairement un coup d'arrêt aux conquêtes sociales. Guerre, décolonisation, faillite des finances publiques : le gouvernement gaulliste a alors besoin de l'appui de la classe dirigeante. Celle-ci exige en contrepartie la fin des concessions aux syndicats et une remise au pas du social. Pendant sept ans, alors que l'économie continue de progresser à des taux records, la modération salariale, voire une certaine stagnation, est de mise. Mais l'inflation galope toujours et les écarts commencent à se creuser, entraînant une perte de pouvoir d'achat pour les salariés. Les négociations sociales sont quasiment à l'arrêt.

Les élections législatives de 1967, gagnées de justesse par le pouvoir gaulliste, sonnent comme un avertissement. Changeant totalement de pied, le général de Gaulle rêve d'un nouveau pacte social, associant le capital et le travail : la « participation des salariés aux fruits de l'expansion des entreprises » (ordonnance du 17 août 1967) devient obligatoire dans toutes les entreprises de plus de cinquante salariés. De ce moment, la méfiance s'installe dans les milieux d'affaires : le président de la République ne leur semble plus fiable. La rupture est consommée en mai 1968. Pour sortir des événements de Mai, prévenir la coalition des étudiants et des mouvements sociaux, le gouvernement oblige le patronat à lâcher beaucoup de lest. Les accords de Grenelle, signés par l'ensemble des partenaires sociaux sous l'égide de Jacques Chirac, alors secrétaire d'État à l'Emploi, imposent une augmentation de 25 % du SMIG et de 10 % des autres salaires. Dans les mois qui suivent, de nouvelles avancées sont accordées. L'assurance-chômage est généralisée et ses prestations élargies. Une quatrième semaine de congés payés est accordée. Le SMIG devient le SMIC (salaire minimum interprofessionnel de croissance) : il est désormais indexé sur le taux de croissance de l'économie et l'indice des prix, afin de garantir un maintien du pouvoir d'achat des salariés au plus bas de l'échelle.

Le grand tournant des années 1980

Durant cette période, le patronat a accepté sans sourciller de sortir son carnet de chèques. Pour lui, c'est un moindre mal pour enterrer d'autres revendications. Car de nouvelles aspirations sont en train d'émerger dans le monde du travail, relayées notamment par la toute nouvelle CFDT, née d'une scission avec la CFTC en 1964. Même si les salaires comptent, de plus en plus de salariés demandent une nouvelle forme de relations sociales dans les entreprises, la fin d'un pouvoir trop hiérarchisé, la possibilité d'être associés aux grandes décisions de leur entreprise, d'avoir un droit de proposition.

Une partie de ces aspirations se retrouve dans le discours d'investiture du Premier ministre Jacques Chaban-Delmas (1915-2000) en 1969. Inspiré notamment par Jacques Delors, alors conseiller à Matignon, ce discours dit de la « Nouvelle société » signe la mort politique de Chaban-Delmas. Soutenu par l'ensemble des milieux d'affaires, Georges Pompidou, devenu président de la République, est résolument opposé à ce partage des pouvoirs dans l'entreprise. Même si le premier choc pétrolier survient en 1973, le patronat préfère poursuivre la politique du chéquier.

D'autant que, dans son esprit, la crise n'est que passagère. Bientôt, la croissance repartira comme avant.

Mais la rupture économique est bien plus profonde que ce que tout le monde avait anticipé. Un choc, deux chocs. Lorsque la gauche arrive au pouvoir en 1981, le chômage de masse est durablement installé. Celui-ci atteint déjà 6,4 % de la population active. Les formations et les diplômes ne sont plus une assurance pour l'emploi. Et les jeunes sont déjà les plus touchés.

Le gouvernement socialiste renoue alors avec les idées laissées en jachère depuis le discours sur la « Nouvelle société » : peut-être moins de salaire, mais un nouveau partage du pouvoir et du travail. En 1982, le ministre du Travail, Jean Auroux, lance une réforme d'ampleur. La durée hebdomadaire du travail est ramenée de 40 à 39 heures, une cinquième semaine de congés payés est votée. Surtout, il propose une représentation des salariés dans les instances de décision des entreprises, d'abord au conseil d'administration, ainsi qu'un devoir d'information des salariés et de leurs représentants. Premier pas vers une cogestion à l'allemande.

Une horreur pour les dirigeants d'entreprise. Ils ne veulent surtout pas entendre parler de ce système à l'allemande, impossible selon eux à transposer en France, les syndicats « étant bien trop politiques ». Tout est mis en œuvre pour torpiller le projet. Même les groupes publics ou récemment nationalisés ne joueront jamais le jeu, transformant les conseils d'administration en des chambres d'enregistrement, et les administrateurs salariés, pourtant souvent très impliqués dans la conduite de leur entreprise et les choix stratégiques à faire, en de simples représentants syndicaux.

Le patronat est d'autant moins enclin à faire des concessions que le vent est en train de tourner en sa faveur. Les idées libérales gagnent du terrain. L'entreprise est en voie de réhabilitation. La dégradation des finances publiques et l'envolée du chômage, qui passe alors le cap des 2 millions, brouillent tous les repères. En 1983, pour contrer la quasi-faillite de l'État, Jacques Delors, alors ministre des Finances, instaure la politique de « désinflation compétitive ». Les échelles mobiles des salaires, permettant l'indexation des salaires sur les prix, sont cassées. Le droit du travail est assoupli. C'est le grand décrochage : la part des salaires dans la valeur ajoutée des entreprises tombe de 75 % au milieu des années 1970 à 66 % à peine au milieu des années 1980. Elle n'en bougera plus.

« Vive la crise ! » proclame en 1984 une émission télévisée concoctée par la « deuxième gauche » et qui fait miroiter un dialogue social sur de nouvelles bases, à l'occasion de cette rupture économique. Mais, pour le patronat, les changements se déclinent surtout sur un mode : celui de l'allégement de ses contraintes. Il obtient ainsi les premières ristournes de charges sur les bas salaires, les premières renégociations des droits d'assurance-chômage, l'introduction de la flexibilité dans les entreprises. L'intérim, les contrats à durée déterminée, les stages deviennent une variable systématique d'ajustement. Dans les entreprises, de nouveaux styles de management se mettent en place.

Contrairement à ce qu'en donne la représentation patronale et politique, la France bouge, très vite même. Sans être sûre de s'y retrouver dans les nouveaux préceptes. Le salaire au mérite prend le pas sur les conventions collectives. Partout l'individualisation devient la règle.

L'État recule, les actionnaires prennent le pouvoir, les salariés trinquent

La chute du mur de Berlin en novembre 1989 et la fin de la guerre froide marquent la victoire de l'Amérique de Ronald Reagan (1911-2004), le triomphe du libéralisme incarné par le président des États-Unis et le Premier ministre britannique Margaret Thatcher. Il n'y a plus d'adversaire. Dès lors, plus besoin de ménager les classes moyennes, les salariés. Le monde est ouvert, libre de tout obstacle. Les groupes se rêvent planétaires. La mondialisation heureuse est en marche. Le grand dérèglement aussi.

L'État est prié de rester à sa place. Il se retire sur la pointe des pieds du débat social, où il servait de contrepoids dans les relations forcément déséquilibrées entre entreprises et salariés. Les syndicats salariés restent sans pouvoir : le faible taux de syndicalisation des salariés français – à peine 12 % dont la moitié dans le secteur public – les prive de toute légitimité. Impuissant, chacun assiste au grand démaillage économique et social. Les délocalisations s'accélèrent à un rythme effréné. Coûts plus bas, réglementation sociale lâche voire inexistante, monnaie plus favorable que le franc puis l'euro, marchés prometteurs : tous les arguments sont avancés pour justifier la grande migration industrielle puis tertiaire. L'ouvrier de Romorantin se retrouve en concurrence avec celui de Shenzhen (Chine). Puis ce sera au tour de la standardiste de Lille, mise en compétition avec le centre d'appels de Casablanca. Les ingénieurs découvriront plus tard l'existence des bureaux d'études et sociétés informatiques de Bangalore (Inde). Les coûts induits – et ils sont nombreux, allant du transport au chômage en passant par l'environnement – sont transférés à la collectivité.

Les salariés restants apprennent à vivre avec les mariages, les fusions et les acquisitions. Des activités sont abandonnées du jour au lendemain, des morceaux d'entreprise sont vendus, revendus. Toute logique industrielle et économique est abandonnée, tout sentiment d'appartenance à une entreprise est cassé. Les actionnaires ont pris le pouvoir : les dirigeants ne doivent être qu'à leur service, ils exigent des rendements constants, 15 % minimum des capitaux investis. Tout le reste n'est qu'une variable d'ajustement par rapport à cet impératif catégorique.

Jamais autant de richesses n'ont été créées. Mais jamais, depuis le début des années 1900, les écarts de revenus n'auront été aussi grands. Alors que les échelles de revenus sont de 1 à 20 dans les années 1960 et 1970, le fossé ne cesse de s'agrandir par la suite, passant de 1 à 50, puis de 1 à 100, pour arriver de 1 à 230 en 2009. Les salariés voient leurs revenus s'amenuiser. Plus le temps passe, plus le SMIC, le seul revenu régulièrement revalorisé, devient la norme pour un nombre croissant de personnes. Pour les autres, à l'exception des revenus de plus en plus hors normes des très hauts dirigeants, c'est la stagnation. « Le niveau de revenu de 2007 ne représente que 1,2 fois celui de 1983 », note le rapport Cottis sur le partage des revenus dans l'entreprise, réalisé en 2009. Entre-temps, le PIB de la France est passé de 225,1 milliards d'euros (1 476,9 milliards de francs) à 1 894 milliards d'euros !

Tous ces efforts pour quoi ? Car, dans le même temps que la rigueur salariale s'étend, que le droit du travail est sans cesse revu à la baisse, le chômage persiste, s'incruste. Le taux de chômage oscille en permanence entre 8 % et 10 %

de la population active. Les jeunes sont les plus touchés : plus de 30 % des moins de 25 ans ne trouvent pas d'emploi. Les « petits boulots » sont la règle. Les diplômes ne sont plus d'aucune protection. Les Français se désespèrent. Pour eux, la notion de progrès n'existe plus : une majorité de parents sont persuadés que leurs enfants vivront moins bien qu'eux.

Ce sera une des causes du grand malentendu lié aux 35 heures. Revenue de façon tout à fait inattendue au pouvoir en 1997, la gauche relance l'idée du partage du travail. Martine Aubry, alors ministre de l'Emploi et de la Solidarité, propose de ramener la durée du travail de 39 à 35 heures. La mesure, assure le gouvernement Jospin, doit permettre de créer des emplois. Afin de ne pas pénaliser la compétitivité des entreprises, il propose en compensation une flexibilité accrue du temps de travail, son annualisation même et une modération salariale.

Mal pensée, mal appliquée, la loi sur les 35 heures apparaîtra comme un marché de dupes à nombre de salariés. Car la diminution du temps de travail a été compensée par son intensification : la productivité horaire des Français est la plus élevée au monde. Dans certaines entreprises, on demande aux salariés de faire en quatre jours ce qu'ils faisaient en cinq. Dans d'autres, la grande distribution notamment, on éclate le temps de travail par tranches horaires, rendant sa gestion impossible. Parfois, comme dans les hôpitaux, la désorganisation est totale. Car les emplois promis n'ont souvent pas été créés. En revanche, la modération salariale a bien été appliquée. La fin des années 1990 et le début des années 2000 sont marqués par une croissance de l'économie. Mais les salariés n'en verront rien. Ce mécontentement sera un terreau fertile pour le « travailler plus pour gagner plus » de Nicolas Sarkozy.

Nicolas Sarkozy et la mise en pièces systématique des droits du salarié

Au moment de son élection à la présidence en 2007, le paysage social est déjà profondément abîmé. Mais ce sera le domaine où il interviendra le plus, où son action sera la plus régressive. Exonération des heures supplémentaires, loi sur le travail dominical, droit de négocier un licenciement, allégements des mesures pour favoriser le travail des handicapés, fiscalisation des indemnisations des accidents du travail : tout ce qui ressemble à une sécurité, à une garantie, à des pratiques protégeant les salariés et instituées parfois depuis le début des années 1900 est attaqué, mis à mal, réduit en pièces. Le recul est général. La France va même jusqu'à reconnaître sans barguigner la nouvelle durée maximum du travail légale promulguée par la Commission européenne : 65 heures hebdomadaires. La semaine de 48 heures avait été adoptée en… 1919.

« Quand il y a une grève, on ne s'en aperçoit même plus », fanfaronne Nicolas Sarkozy en 2008. Une provocation de plus ? Plus que cela, une politique. Car, dans son esprit, tout mouvement collectif, toute solidarité, doit disparaître. Il ne voit donc pas les 3 millions de personnes qui défilent en France début 2009. Pas plus que les conflits ou les grèves qui bloquent les entreprises ou les transports en commun. Ni même les grévistes de la faim, qui tentent dans un élan désespéré de sauver leur emploi, leur usine. Seuls les mouvements de routiers ou d'agriculteurs impressionnent encore le gouvernement. Pour le reste, ce n'est que rumeur lointaine. Et, quand cela tourne vraiment trop mal, il en appelle aux tribunaux. La pénalisation du social a rarement été aussi élevée : des centaines de représentants syndicaux, de délégués du personnel, de grévistes se retrouvent devant la justice et condamnés à des peines, qui sont loin d'être symboliques, pour avoir osé protester et manifester.

Cette mise en pièces systématique des droits du salarié trouve son aboutissement dans une ultime réforme, la négation du salariat : l'« auto-entreprise ». C'est une des mesures dont le gouvernement est le plus fier. 327 000 personnes ont adopté ce statut en 2008. Plus de 50 000 y ont souscrit chaque mois en 2009. Officiellement, il s'agit de permettre à toute personne – salarié, retraité, chômeur, étudiant – de prendre dans un cadre allégé le statut d'entrepreneur pour augmenter ses revenus. Dans les faits, la mesure connaît de nombreux détournements. Des entreprises qui veulent licencier poussent certains salariés à prendre ce statut afin de ne pas leur payer leur licenciement. D'autres incitent certains à franchir le pas en leur promettant de faire appel à eux. Plus de contrat de travail, plus de charges sociales, plus d'obligation en cas de licenciement. La flexibilité totale, le travail à la tâche en fonction des besoins. Et le salarié se retrouve sans aucun droit, sans filet de protection. Seul.

En 2010, 6 millions de Français vivent en dessous du seuil de pauvreté, soit avec moins de 733 euros par mois pour une personne seule. Quatre millions de personnes sont à la recherche d'un emploi à temps plein. Quelque 2,6 millions de personnes sont inscrites au chômage. Plus d'un million de chômeurs sont arrivés en fin de droit au cours du premier semestre 2010. La feuille de route donnée en septembre 2007 par Denis Kessler, l'ancien vice-président du Medef, a été appliquée à la lettre : le programme du Conseil national de la Résistance a été « méthodiquement » défait.

III

Vivent les jours heureux !

9

« Non, M. Sarkozy, les combattants des Glières ne sont pas récupérables »

Jean-Luc Porquet

Le vendredi 4 mai 2007 à 8 heures du matin, l'avant-veille du second tour de l'élection présidentielle, Walter Bassan apprend, en écoutant le journal de France Inter, que le candidat Nicolas Sarkozy va débarquer le jour même aux Glières. Le plateau des Glières (Haute-Savoie), c'est ce haut lieu de la Résistance où pour la première fois, en mars 1944, les maquisards livrèrent bataille aux nazis et où tombèrent 149 d'entre eux (combattants, déportés, civils fusillés).

Mai 2007 : la réaction citoyenne à la visite du candidat Sarkozy

Ancien résistant déporté à Dachau, Walter Bassan est en colère. Il vit depuis un lustre dans le village de Mieussy, à deux pas des Glières, il vient d'avoir 80 ans, il a toujours veillé à garder vivante la mémoire de la Résistance. Pour lui, cette visite impromptue du candidat UMP n'est rien d'autre qu'une grossière opération électorale. Coup de fil à son copain, le jeune cinéaste Gilles Perret, 38 ans. Tous deux se connaissent depuis longtemps, habitent le même village. Que faire ? Ils sont pris de court. « En pleine sarkomania, commente aujourd'hui Gilles Perret, c'était le coup de grâce. » Il ne faut pas laisser passer ça, décident-ils avec deux amis, Robert Burgniard et Olivier Subit. Au moins, écrire un communiqué de presse. Expliquer qu'utiliser la mémoire des maquisards tués aux Glières à des fins personnelles, c'est scandaleux. Gilles Perret essaie d'alerter quelques journalistes pour qu'ils relayent leur indignation. Peine perdue.

Sarkozy débarque à 11 h 20 aux Glières. Il est accompagné par une quarantaine de journalistes. Alertés la veille par son service de presse, ils sont venus dans le même avion que lui. Après un atterrissage à Annecy, un hélicoptère l'a emmené sur le plateau. Et là se déroule une scène dont la dramaturgie a été millimétrée : sous l'œil de dizaines de photographes et de cameramen qui cliquent-claquent à tout va, le candidat commence par déposer une gerbe devant la stèle où Tom Morel, chef du bataillon des Glières tué à 28 ans, fut temporairement enterré avec son adjoint (voir encadré), puis va se « recueillir » seul devant le mémorial. Aucun résistant n'a été prévenu, ni invité.

Une fois les cinq minutes de « recueillement » écoulées, Sarkozy se tourne vers les micros et les caméras. Il affirme que Tom Morel était son héros quand il était jeune, vante l'« héroïsme des combattants » et sort les grands mots : « paix », « sérénité », « lieu de paix et de recueillement », « lieu de mémoire et d'avenir ». Il le promet solennellement : « Si je suis élu président, je reviendrai chaque année au plateau des Glières. » Un pèlerinage ! Comme Mitterrand

Glières : le premier grand combat du maquis

Pour résister à l'occupant nazi, il leur fallait des armes… Après l'instauration du STO (Service du travail obligatoire) en février 1943, des milliers de jeunes réfractaires rejoignent les maquis. En Haute-Savoie, où existe déjà une école des cadres à Manigod, les actions s'intensifient : petits maquis isolés, équipes dites d'« action immédiate » menant des sabotages, etc. Au point qu'en janvier 1944, face à la situation quasi insurrectionnelle qu'y fait régner la Résistance, le gouvernement de Vichy met le département de Haute-Savoie en état de siège. La loi martiale est proclamée. L'occupant nazi a exigé du régime de Pétain qu'il nettoie les nids de « terroristes »…

Forteresse naturelle très difficile d'accès située à 1 400 mètres d'altitude, dans le massif des Bornes, à 20 kilomètres au nord d'Annecy, le plateau des Glières est l'endroit idéal pour des parachutages d'armes et d'explosifs. Le 27 janvier 1944 à Londres, Winston Churchill et les représentants du général de Gaulle se mettent d'accord : des parachutages par la Royal Air Force auront lieu en février aux Glières, de quoi équiper au moins 2 000 combattants. Quatre jours plus tard, le lieutenant Tom Morel, nommé chef des maquis de l'Armée secrète du département, emmène avec lui 150 maquisards pour tenir le plateau et y réceptionner les parachutages. De ce jour jusqu'au 26 mars, les maquisards vont défendre, les armes à la main, ce lieu stratégique.

Au début, ce sont les forces de Vichy, miliciens et GMR (groupes mobiles de réserve), qui ceinturent le plateau et tentent d'y pénétrer. Ils seront repoussés par les résistants. Puis l'armée allemande y mènera une terrible et meurtrière offensive. Pendant cinquante-cinq jours, les maquisards forment le « Bataillon des Glières », qui comporte initialement 120 hommes, mais se renforce progressivement jusqu'à atteindre 460 hommes. C'est une formidable diversité humaine qui est rassemblée sur le plateau : 56 républicains espagnols, des membres des Jeunesses catholiques et des jeunes communistes, des réfractaires sans appartenance politique, deux groupes FTP, etc. Encadrés par une poignée d'officiers et de sous-officiers du 27e bataillon de chasseurs alpins sous les ordres de Tom Morel, ils mettent en place toute une logistique : dispositif de défense, ravitaillement de la troupe (logée dans une vingtaine de chalets), sentiers à viabiliser, cela dans des conditions extrêmes, sous 2 mètres de neige, avec des postes de garde parfois distants de plus de 6 kilomètres. Au pied du mât où ils ont hissé le drapeau tricolore marqué de la croix de Lorraine du général de Gaulle, les maquisards font le serment de « vivre libre ou mourir ».

Mais la neige tombe sans cesse, les conditions météo sont exécrables. Et, après un premier largage limité le 14 février, les maquisards doivent attendre jusqu'au 10 mars le grand parachutage annoncé. Lequel a bien lieu : plus de 500 parachutes atterrissent alors sur le plateau, apportant 45 tonnes d'armes. Mais, la veille de ce jour, Tom Morel est tué par un commandant GMR, lors d'un coup de main sur Entremont, un village tout proche. Rude épreuve que la disparition de ce jeune chef charismatique... Lui succède le capitaine Maurice Anjot, lequel trouvera la mort un mois et demi plus tard, le 27 mars, après avoir tenté de forcer les barrages de l'ennemi.

Dès le 13 mars, de nouvelles chutes de neige et un renforcement du dispositif des forces de Vichy bloquent les maquisards. Impensable de redescendre en abandonnant sur place les armes tombées du ciel... Se déroule alors, sur le plateau des Glières, la première grande bataille depuis 1940 sur le sol national contre l'armée allemande. Jour après jour, sa geste est abondamment relayée sur les ondes par Maurice Schumann, qui révèle ainsi aux Alliés et aux Français eux-mêmes la capacité de la Résistance à tenir tête militairement aux nazis. Mais c'est une bataille désespérée. La Wehrmacht déploie d'écrasants moyens : elle mobilise sa 157e division, forte de 14 000 hommes.

Le 23 mars, quatre bataillons de la Wehrmacht appuyés par l'aviation et l'artillerie prennent position autour du plateau, utilisant la Milice française pour en assurer un bouclage complet. Après plusieurs jours de bombardements aériens, le 26 mars, l'armée allemande attaque. Glières résiste jusqu'à la nuit. À 22 heures, jugeant que les maquisards avaient fait la preuve de leur détermination et de leur capacité à se battre avec les armes reçues, le capitaine Anjot donne l'ordre de décrochage général. Dans la nuit, le froid et la neige, par petits groupes, les hommes, mal équipés et à court de vivres, doivent franchir les barrages ceinturant le plateau pour tenter de rejoindre leur maquis d'origine. Près de deux maquisards sur trois y réussissent. Mais, avec la répression qui suit, menée par les forces de Vichy et la Gestapo, 129 combattants des Glières sont tués ou fusillés, ou mourront en déportation, tandis que 20 résistants des vallées paient de leur vie le soutien courageux de la population.

Dans les semaines suivantes, les maquis se reforment. Le 1er août 1944, plus de 3 000 résistants venus de tout le département et appartenant aux deux grandes organisations de la Résistance armée, l'Armée secrète et les FTP, se rassemblent pour réceptionner sur ce plateau des Glières un parachutage allié massif. Ils scellent ainsi l'union des forces de la Résistance de Haute-Savoie, qui allaient faire capituler toutes les garnisons allemandes du département et le libérer par leurs propres moyens, dès avant le 19 août 1944.

Après guerre, l'association des rescapés du plateau des Glières procédera à l'identification et au rassemblement des corps au cimetière de Morette, aujourd'hui nécropole nationale, que viendra visiter le général de Gaulle dès le 5 novembre 1944. Les années passent et la mémoire demeure vivace. Et la polémique aussi, d'ailleurs : plusieurs auteurs, soutenant la vision FTP de la Résistance, critiqueront *a posteriori* la stratégie menée aux Glières. Selon eux, concentrer tant d'hommes dans un département en état de siège, c'était les jeter dans un piège mortel. Par la suite, un autre résistant devenu historien, Jean-Louis Crémieux-Brilhac, montrera que les maquisards ne sont pas morts en vain, vu l'importance stratégique de cette bataille, confirmée par de Gaulle : « C'est grâce aux Glières que j'ai pu obtenir des parachutages importants pour la Résistance. »

En 1973, en vue des commémorations du trentième anniversaire de ces événements, un monument est érigé à proximité du premier lieu de sépulture de Tom Morel : en forme de V amputé, il porte un large disque en position instable, qui représente le soleil et rappelle que la liberté n'est jamais acquise et la vigilance toujours de rigueur. Le 2 septembre 1973, André Malraux l'inaugure et y prononce un discours inspiré, à l'égal de son fameux : « Entre ici, Jean Moulin... » Cette phrase, entre autres : « L'esclave est celui qui dit oui, l'homme libre est celui qui dit non. » Lors du cinquantième anniversaire, c'est François Mitterrand qui, le 12 avril 1994, vient s'y recueillir et prononcer au cimetière de Morette un discours en mémoire des résistants.

En novembre 1997, le leader du Front national, Jean-Marie Le Pen, a voulu se rendre aux Glières. La vague de protestation fut telle, rassemblant des milliers de manifestants à Annecy, et l'opposition sur place si déterminée, qu'il n'a pu s'approcher du cimetière de Morette.

et sa roche de Solutré ! Voilà qui a de la stature et de la hauteur de vue... Mais le naturel revient vite au galop : le candidat ne peut s'empêcher de railler sa concurrente, tellement nulle : « Je l'ai dit à Mme Royal : la politique doit être faite de respect, d'ouverture, de tolérance, de rassemblement, de main tendue, d'apaisement, elle termine dans un peu de violence, une certaine forme de fébrilité. La France mérite autre chose. [...] Pourquoi une femme de cette qualité porte-t-elle des sentiments aussi violents ? » Classe...

Puis Sarkozy rejoint les élus UMP du coin, le député Bernard Accoyer en tête, au village du Petit-Bornand. Il visite au pas de course une exploitation agricole où on lui remet du reblochon, du chevrotin et une cloche à vache. Sur la place du village, l'attendent un millier de supporters ravis qui scandent : « On a ga-gné ! » Toujours sous l'œil des caméras, il monte au balcon de la mairie, se fait ovationner et prononce son tout dernier discours de campagne, revisitant ses thèmes favoris : le travail qui « n'est pas assez récompensé, pas assez respecté » ; les voyous qui « méritent d'être punis » ; l'héritage, « fruit d'une vie de labeur », qu'il faut pouvoir librement transmettre à ses enfants. Retour à Paris dans l'après-midi. L'opération Glières a duré une demi-journée.

L'« événement » fait l'ouverture de tous les journaux télévisés de 20 heures : on voit le candidat Sarkozy seul devant le mémorial, puis distillant ses petites phrases électorales, puis ovationné par ses partisans. Évidemment, aucun journaliste n'a pris la peine de recueillir l'opinion des résistants locaux, puisqu'ils n'en avaient pas sous la main.

Il faut faire plus qu'un simple communiqué, se disent Walter et ses amis. Un pique-nique citoyen aux Glières : cette idée leur vient vite à l'esprit. Dès ce vendredi 4 mai, Walter Bassan et deux autres résistants, Constant Paisant et Robert Lacroix, envoient un communiqué à la presse. « La campagne se terminait officiellement ce jour-là à minuit : il fallait dénoncer cette récupération avant sa clôture », commente aujourd'hui Walter. Titre du communiqué, qui ne fut jamais publié dans le journal local, *Le Dauphiné liberé*, malgré cinq tentatives : « Non, M. Sarkozy, les combattants des Glières ne sont pas récupérables ! » Et de rappeler la « bousculade médiatique » et les propos polémiques contre sa concurrente : « M. Sarkozy ne sert pas la mémoire des Glières et de la Résistance, M. Sarkozy se sert des Glières. » Si les signataires ne contestent pas au candidat le droit de rendre un hommage « personnel et discret » aux maquisards, ni celui de rendre « un hommage public dans une fonction officielle », ils condamnent l'opération politicienne : « Nous lui contestons le droit de récupérer un symbole historique au service de son ambition personnelle, dans une mise en scène détestable à quelques heures du scrutin. » Et d'inviter à une contre-offensive : « Nous appelons à un rassemblement digne sur le plateau des Glières, autour d'un repas tiré du sac et fraternellement partagé, dimanche 13 mai 2007 vers midi : citoyennes et citoyens de Haute-Savoie ou d'ailleurs sont conviés à montrer que ce sont des gens du peuple, d'origine très diverses, qui se sont dressés ici contre l'oppression. Ni pancartes ni banderoles, SVP. »

Le 6 mai, le candidat Sarkozy est élu avec 53,06 % des voix. Le dimanche d'après, pas moins de 1 500 personnes se retrouvent aux Glières. « On en attendait trois fois moins ! » Debout sur une estrade improvisée, Walter Bassan lit l'appel du 8 mars 2004 : il s'agit d'un texte signé trois ans auparavant, à l'occasion du soixantième anniversaire de la publication des *Jours heureux*, par treize résistants (dont Stéphane Hessel et Raymond Aubrac) [1], dans lequel ils disent voir

1 Les signataires de cet « Appel du Conseil national de la Résistance » en ont donné lecture dans une vidéo consultable sur <www.alternatives-images.net>.

« remis en cause le socle des conquêtes sociales de la Libération » et proposent « aux générations qui nous succéderont d'accomplir trois gestes humanistes et profondément politiques, au sens vrai du terme, pour que la flamme de la Résistance ne s'éteigne jamais ». D'abord, célébrer ensemble l'anniversaire du programme du CNR : « Les responsables politiques, économiques, intellectuels et l'ensemble de la société ne doivent pas démissionner, ni se laisser impressionner par l'actuelle dictature internationale des marchés financiers qui menacent la paix et la démocratie. » Puis « définir ensemble un nouveau "programme de la Résistance" pour notre siècle ». Enfin, ils appellent à « une véritable insurrection pacifique contre les moyens de communication de masse », lesquels ne proposent « comme horizon pour notre jeunesse que la consommation marchande, le mépris des plus faibles et de la culture, l'amnésie généralisée et la compétition à outrance de tous contre tous » et, de plus, sont « désormais contrôlés par des intérêts privés ».

Après la lecture de ce texte, Robert Lacroix, président de l'ANACR (Association nationale des anciens combattants et ami(e)s de la Résistance)[2] de Haute-Savoie, lit le communiqué appelant à ce rassemblement. Le pique-nique se déroule dans une atmosphère calme, digne. Curieusement, il y a beaucoup moins de micros et de caméras que lors de la venue du candidat Sarkozy...

Fin du premier acte.

2 <www.anacr.com>.

Mars 2008 : Sarkozy, l'homme qui rit dans les cimetières

Suit une année de Sarkozy président : la soirée du Fouquet's ! L'« ouverture » ! Le yacht de Bolloré ! Le triomphe du bling-bling ! Le paquet fiscal ! Le 14 Juillet à grand spectacle ! Le show des infirmières bulgares ! Les vacances à Wolfeboro chez George Bush ! La privatisation de GDF ! Les 35 heures ratiboisées ! Les heures sup défiscalisées ! L'amendement ADN ! Le Grenelle de l'environnement ! Kadhafi sous sa tente à Paris ! Le débarquement surprise de Carla Bruni à Disneyland ! Et le mariage dans la foulée ! La visite au pape en compagnie de Bigard ! L'annonce surprise de la pub supprimée sur France 2 ! Les promesses à Gandrange ! « Casse-toi pov' con » ! Et, le 16 mars 2008, la déculottée historique de l'UMP aux municipales.

Rien ne va plus, l'état de grâce est enterré et le populo ne soutient plus l'omniprésident : pour Sarkozy, il est urgent de faire oublier bling-bling et *tutti quanti*, de montrer qu'il sait « faire président ». Quoi de mieux que les Glières ? Deux jours après la claque des municipales, le 18 mars, il retourne en grande pompe sur le haut plateau savoyard. Après avoir salué le drapeau et passé les troupes en revue, le voilà prêt pour la minute de « recueillement » réglementaire sous l'œil des caméras, suivant une mise en scène carrément gaullienne : seul, grave, homme d'État « pour de vrai », engoncé dans un long manteau sombre, il s'approche du mémorial. Il y a de la neige. Il glisse et se rattrape de justesse. La longue minute s'écoule, ouf !

Le voilà reparti vers le cimetière de Morette, où sont enterrés 105 combattants (87 maquisards des Glières et

17 tombés dans d'autres combats : il s'agit d'une nécropole nationale). Le cinéaste Gilles Perret a réussi à s'y faire admettre, tout comme l'ensemble des cameramen des chaînes de télévision françaises, sans compter cinq caméras de l'armée qui donnent gratuitement les « bonnes images » du président. Mais, à peine deux minutes après la minute de silence, il est le seul à filmer une scène proprement hallucinante : dans l'enceinte du cimetière, Sarkozy se met à blaguer, rigoler, parler de Carla, de lui et encore de lui [3]...

À un ancien résistant qui lui fait remarquer la présence parmi eux de deux républicains espagnols : « En plus, je défends les Espagnols, mais les Italiens ne sont pas mal non plus. Maintenant que je suis marié à une Italienne ! » Et de se marrer... Un temps. « Ils sont beaux, tous ces chasseurs alpins... » Le général Bachelet, président de l'association des Glières, lui montre un point élevé dans la montagne et lui explique que des maquisards tombés dans une embuscade y avaient été enterrés dans une fosse commune : « Nous les avons ramenés ici, dignement, dans le cimetière. » Sarkozy, qui ne fait même pas mine d'écouter, le doigt pointé vers une hauteur : « C'est quoi, la cascade ? C'est magnifique... » Un temps. « Écoutez, je vous aime beaucoup. » À une dame de l'assistance : « Ce rose vous va très bien. Je n'en tire aucune conclusion politique. » Il est hilare. Dans ce cimetière, tout le monde se marre bien. Un ancien résistant trouve qu'il va trop loin : « Président, faut calmer, faut calmer ! » Lui n'entend rien : « Ben oui, il faut bien s'amuser un petit peu. » En 1922, Poincaré avait été photographié en

3 Cette incroyable séquence du film de Gilles PERRET et Fabrice FERRARI, *Walter, retour en Résistance*, 2009 (voir <www.walterretourenresistance.com>) est accessible sous le titre « Sarkozy, l'homme qui rit dans les cimetières » sur <www.citoyens-resistants.fr>.

train de grimacer à la sortie de la nécropole de Verdun, ce qui lui avait valu d'être surnommé l'« homme qui rit dans les cimetières », sans qu'on sache jamais s'il avait vraiment rigolé ou s'il avait le soleil dans les yeux. Sarkozy fait plus fort que son prédécesseur : lui, il se marre franchement au milieu des tombes.

Un ancien résistant lui offre un livre qu'il a écrit. Sarkozy le remercie, puis : « C'est bien, comme ça, je pourrai dire que j'ai un copain FTP (rires). Et vous direz j'ai un copain président de la République. » Ah, c'est pas facile de « faire président »... À la sortie, il révèle le sens de sa visite aux journalistes. La déculottée des municipales ne l'a pas ébranlé une minute, la preuve : « J'ai été élu pour conduire cette politique et c'est celle-là que je mènerai ! » Dans les journaux télévisés du soir, les journalistes reprennent unanimement le texte du communiqué de presse : « Nicolas Sarkozy se redonne une image de chef d'État en venant honorer la Résistance au plateau des Glières. » Bravo.

De leur côté, les simples citoyens qui avaient organisé le rassemblement de 2007 se sont interrogés : puisque Sarkozy remet ça, doivent-ils remettre ça à leur tour ? Walter en est convaincu : si Sarkozy, aujourd'hui président, dispose désormais d'une légitimité à venir aux Glières, les anciens résistants de la région et les citoyens en désaccord avec sa politique ont eux aussi toute légitimité à venir y manifester, pour y rappeler les valeurs du programme du CNR et montrer la contradiction entre ce programme et la politique sarkozyste. Mais, insiste Walter, il faut faire cela « dans le respect des valeurs républicaines » : c'est-à-dire pas le même jour que Sarkozy et dans les mêmes conditions de calme et de dignité que la fois précédente.

Walter a passé onze mois à Dachau, matricule 75823. Fils d'immigrés italiens antifascistes, il a 17 ans quand il rejoint les FTP. À l'époque, reconnaît-il, il n'a pas de véritable conscience politique. Mais, après avoir été arrêté par la Milice en compagnie de 25 camarades, livré aux nazis et déporté, quand il rentre de Dachau il en a une. À laquelle il restera toujours fidèle. À son retour du camp, il trouve du travail à la Sécu, où il passe toute sa carrière, et devient responsable cégétiste et délégué du personnel. Une fois à la retraite, Walter, qui « n'a pas changé », s'investit dans la transmission des valeurs de la Résistance. Responsable à l'antenne régionale de la FNDIRP (Fédération nationale des déportés et internés résistants et patriotes), il s'occupe activement depuis 1995 du concours national de la Résistance et de la déportation : il s'agit de sensibiliser collégiens et lycéens à cet épisode de l'histoire. Chaque année, inlassablement, dans une cinquantaine d'établissements scolaires de Haute-Savoie, il multiplie les interventions, organise lectures, évocations, séances de théâtre et, en fin d'année scolaire, il accompagne les plus motivés pour un voyage à Dachau. Son credo : « On ne peut pas faire n'importe quoi avec l'histoire, ni avec les valeurs républicaines. » Quand on lui demande ce que sont pour lui les valeurs républicaines, il répond : « Celles de 1789. »

Et c'est ainsi que le 4 mai 2008, à son initiative et à celle de ses amis, a lieu un deuxième rassemblement citoyen aux Glières. Lequel est marqué par la venue de Stéphane Hessel, ancien résistant et déporté à Buchenwald et Dora. Sollicité peu auparavant par le collectif, l'ancien représentant de la France aux Nations unies et ambassadeur de France, connu pour ses nombreux engagements, notamment aux côtés des sans-papiers, a répondu oui sans hésiter. Signataire de l'appel du 8 mars 2004 appelant à commémorer le soixantième anniversaire du programme du CNR, il est convaincu qu'en appeler aujourd'hui aux idéaux de la Résistance est plus que légitime : nécessaire. Et il le dit, juché sur une estrade, avec un optimisme combatif, lors d'un bref discours qui marque les esprits des quelque 600 personnes présentes : « Ici, sur ce plateau historique, il me semblait qu'il était bon de rappeler que, soixante ans plus tôt, des Français appartenant à toutes les catégories de la Résistance avaient trouvé nécessaire de donner à la France un programme. C'est là-dessus que la Résistance s'était fondée et c'est de cela dont nous avons plus que jamais besoin aujourd'hui. Il nous appartient de veiller tous ensemble à ce que cette société reste une société dont nous puissions être fiers, c'est-à-dire pas une société où on expulse les sans-papiers, pas une société où on diminue la Sécurité sociale, pas une société où la presse et les médias sont largement entre les mains des possédants. Des actes que nous n'aurions pas admis un seul instant si nous avions été les véritables héritiers du Conseil national de la Résistance. »

Si les participants sont moins nombreux que la première fois, la journée est tout aussi réussie, notamment grâce à la présence chaleureuse de Stéphane Hessel. Chacun en est convaincu : l'idéal de la Résistance, ce n'est pas au cimetière, dans les rires du président bling-bling, qu'il a été le mieux servi, mais lors de ce pique-nique. « Beaucoup découvraient à cette occasion l'existence du programme du CNR, commente Gilles Perret. Certains avaient les larmes aux yeux. On a senti qu'il s'était passé quelque chose. » En décembre 2008, les organisateurs se constituent en association. Ils choisissent un nom qui indique clairement la direction qu'ils comptent suivre : « Citoyens résistants d'hier et d'aujourd'hui ». Présent aux deux rassemblements, Didier Magnin en devient le président. Aveugle, masseur-kinésithérapeute dans un centre médico-social public, secrétaire du syndicat CGT de l'établissement, il est militant à Attac, à RESF et dans un comité de soutien aux sans-papiers. Ce nouvel engagement est dans la droite ligne des précédents...

Fin du deuxième acte.

Une « attitude peu digne pour un président de la République »

Et nous voilà en 2009. L'ambiance a changé. Le krach financier est passé par là. Après deux ans d'omniprésidence, rien ne va plus : le chômage est reparti dare-dare, le pouvoir d'achat s'effondre, les caisses vides sont de plus en plus vides, ce qui n'empêche pas Sarkozy de trouver 360 milliards d'euros au pied levé pour sauver les banques. Après avoir prétendu vouloir punir les « responsables du désastre », vouloir « moraliser le capitalisme », vouloir supprimer les paradis fiscaux, il s'attaque au sauvetage de la planète menacée par le réchauffement. Lequel a donc de beaux jours devant lui...

C'est très discrètement, cette année-là, que Sarkozy se rend à nouveau aux Glières. D'abord, un pas de deux. Il devait venir le 16 avril. D'un simple communiqué, il annule : ce jour-là, il se rend aux obsèques de René Monory, dans la Vienne. Puis silence radio. Puis l'annonce subreptice de sa venue pour le 30 avril. Il s agit d'un déplacement express, de 11 heures à 15 heures, sans grands flonflons. Une certaine paranoïa semble régner. Que craint l'Élysée ? Des manifs ? Un cameraman indiscret ? *Le Dauphiné libéré* du 30 avril titre : « Dispositif maximum pour la visite présidentielle ». Précisant que « le moindre recoin a déjà été investi par les tireurs d'élite et autres uniformes », le journal ajoute : « Et pourtant... Le plus grand silence est gardé autour du dispositif déployé pour cette visite. Tout juste sait-on qu'il sera maximal. Mais de là à savoir ce que maximal recouvre, c'est le black-out total. » Seuls les partisans inconditionnels du sarkozysme sont bienvenus : *Le Dauphiné libéré* relaie l'« appel de l'UMP à ses militants et sympathisants pour venir accueillir le président de la République » : « Ils se réuniront à 12 h 30 devant la mairie du Petit-Bornand. »

L'affaire est vite expédiée : à 11 h 30, la C6 présidentielle bleu nuit arrive au cimetière militaire de Morette. Sarkozy en descend, le député UMP Bernard Accoyer le rejoint aussitôt, la fanfare entonne *La Marseillaise*. Court instant de « recueillement » face aux croix alignées, dépôt de gerbe devant le mémorial, bref salut aux élus du département, aux anciens des Glières, à la veuve de Tom Morel. C'est le général Bachelet, toujours lui, qui présente ces derniers à Sarkozy. Lequel semble moins fasciné par la cascade que l'année précédente... « Recueillement » à nouveau. Demi-tour vers la foule tenue à distance. Jolie scène édifiante racontée par *Le Dauphiné* : « Merci d'être là, Monsieur le président », lance une militante UMP. « J'ai promis, alors je le fais. » Quel homme ! Le cortège officiel repart.

12 h 15, Sarkozy arrive au plateau des Glières, va déposer une gerbe devant le mémorial, discute avec les élus du coin. Hop ! Départ vers Le Petit-Bornand. 13 heures : la foule est stockée derrière des barrières amovibles et sous haute surveillance d'une légion de gendarmes, dont certains en tenue antiémeute. Ambiance. Sarkozy devait prononcer

ici une brève allocution : au dernier moment, elle est annulée. Invité par un journaliste à donner un commentaire sur une anecdote de la vie politique, il répond qu'il n'est pas là pour ça mais qu'il pourrait parler du programme du CNR « que je connais très bien aussi ». Tiens donc... Il serre quelques mains, puis s'en va manger une fondue « Chez Suzanne ». Une heure plus tard, départ direction l'aéroport de Meythet. Emballé pesé en moins de quatre heures !

Quinze jours plus tard, le 17 mai, c'est une vraie foule qui monte aux Glières : près de 4 000 personnes répondent à l'appel de l'association « Citoyens résistants d'hier et d'aujourd'hui ». Comme précédemment, ni banderoles, ni tracts, ni stands politiques : une manifestation digne, sans marquage partisan. Sur le parking situé non loin du mémorial, a été installée une estrade de fortune. Il fait grand soleil. Didier Magnin, président des Citoyens résistants, ouvre le bal en souhaitant la bienvenue aux participants et rappelle brièvement les raisons de ce rassemblement : il s'agit de « rappeler les valeurs de solidarité, de fraternité, de vivre-ensemble, de justice, valeurs contenues dans le programme du Conseil national de la Résistance ». Et d'ajouter : « Si nous ne contestons pas la venue du président de la République qui dans son devoir de mémoire vient rendre hommage aux morts et aux survivants qui ont combattu aux Glières pour nos droits et nos libertés, nous n'oublions pas sa venue polémique le 4 mai 2007 deux jours avant le second tour des présidentielles. Et nous déplorons son attitude peu digne pour un président de la République, le 18 mars 2008 au cimetière de Morette. »

« Résister, c'est refuser d'accepter le déshonneur »

Et les orateurs vont se succéder. Après le discret Walter Bassan qui salue brièvement les présents, lecture est faite d'une lettre d'Henri Bouvier, absent pour raisons de santé : résistant, membre de l'Armée secrète, il a participé au premier maquis de Haute-Savoie, et dit avoir « longtemps souhaité que les hauts lieux de la Résistance ne deviennent pas les tristes décors des déchirures de notre peuple ». Et poursuit : « Aujourd'hui pourtant, à l'heure où se manifeste la prétention d'exclure de la mémoire combattante le souvenir des inspirations sociales du programme du Conseil national de la Résistance, il me paraît de mon devoir de citoyen d'être à vos côtés, à titre strictement personnel. » Et de conclure : « Demain comme aujourd'hui, nous ne pourrons pas nous contenter, surtout pour ceux qui nous suivent, d'un système asservi au culte du profit, impitoyable aux faibles ; un système dont les apparents succès ont longtemps dissimulé les multiples contradictions et dont la crise redoutable que nous traversons actuellement met cruellement en lumière les dramatiques finalités, nos usines sans ouvriers et nos campagnes sans paysans. »

Puis Raymond Aubrac prend la parole. L'ancien résistant évoque le besoin ressenti par tous « non seulement d'un programme commun, mais aussi de projets communs » : « Voilà une des grandes lacunes de notre temps et de notre pays. Nous ne savons pas vers quoi nous allons, dans un monde de plus en plus complexe. Il nous faut ces projets, par respect pour ceux qui se sont battus pour élaborer cette promesse d'avenir. Il nous faut aussi cet optimisme que partageaient tous les résistants, sans exception, et qui les persuadait d'être, à travers tant de dangers, avançant vers leur but : plus de liberté, plus d'égalité, plus de fraternité. Voilà ce que nous devons transmettre aux jeunes, comme Stéphane, comme Walter, comme Serge et comme Lucie. Merci. »

Puis vient Alain Refalo. Professeur des écoles à Colomiers, près de Toulouse, il a envoyé le 6 novembre 2008 à son inspecteur d'académie une lettre expliquant pourquoi il refusait d'appliquer les directives ministérielles sur l'« aide personnalisée », prélude à la disparition programmée de l'aide aux élèves en difficulté. Lettre ouverte qui eut un fort retentissement : suite à sa diffusion s'est constitué un mouvement, « Résistance pédagogique », rejoint par près de 3 000 enseignants, vite surnommés les « désobéisseurs ». Alain Refalo cite un court extrait de la lettre envoyée à son inspecteur : « Si aujourd'hui je décide d'entrer en résistance et même en désobéissance, c'est par nécessité. Ce métier, il est important de le faire avec conviction et motivation. Aujourd'hui, c'est parce que je ne pourrais plus concilier liberté pédagogique, plaisir d'enseigner et esprit de responsabilité qu'il est de mon devoir de refuser d'appliquer ces mesures que je dénonce. Je fais ce choix en pleine connaissance des risques que je prends, mais surtout dans l'espérance que cette résistance portera ces fruits. J'espère que, collectivement, nous empêcherons la mise en œuvre de ces prétendues réformes. »

Et d'informer son inspecteur de sa décision de « mettre en place des dispositifs alternatifs à ceux qui me sont imposés, afin de rester fidèle au sens profond de la mission qui m'a été confiée, c'est-à-dire la réussite de tous les élèves ». Deux mois après cette intervention aux Glières, Alain Refalo sera convoqué devant la commission de discipline de l'inspection académique, qui le sanctionnera durement : non seulement il est rétrogradé, mais on lui retire dix-neuf jours de salaire sur l'année.

Le docteur Michael Guyader lui succède à la tribune. Médecin psychiatre et psychanalyste à Étampes, lui aussi a envoyé une lettre ouverte, en décembre 2008, cette fois au président de la République, peu après la visite de ce dernier à l'hôpital Érasme d'Antony. Ce qui a déclenché son intervention publique ? « Quand le chef de l'État reprend un fait divers, certes dramatique, un patient en congé d'essai ayant assassiné non loin d'ici un jeune homme dans la rue, pour dans la précipitation annoncer sans la moindre réflexion des mesures qui vont toutes dans le sens de l'aggravation des conditions de l'hospitalisation et particulièrement de la privation de liberté, il me paraît une ardente obligation de dire qu'il déshonore sa fonction... » Peu après la diffusion de cette lettre, un « collectif des trente-neuf contre la nuit sécuritaire » se constitue pour lutter contre la déshumanisation de la psychiatrie.

Ce jour-là, aux Glières, le docteur Guyader rappelle que, « ce 2 décembre 2008 à l'hôpital Érasme d'Antony, M. Sarkozy a réellement commis une mauvaise action dont les répercussions pourraient être incalculables sur ceux dont la souffrance psychique accable la vie sur un mode tellement inimaginable qu'elle a fait d'eux l'incarnation de l'étrangeté ». Avec éloquence, il examine le statut social de la folie : « [Elle] joue parfaitement le rôle social de l'étrangeté absolue qu'il faut à tout prix exclure, voire réduire au silence, nous savons bien qu'elle a à certains moments de l'histoire tragiquement payé le prix fort. [...] Il y a me semble-t-il tout à fait lieu de résister avec la plus grande détermination à ce que l'air du temps colporte de rumeurs sur la dangerosité de la folie, dont Lucien Bonnafé disait que l'on ne pouvait la considérer hors de sa dimension d'"avatar malheureux dans la juste protestation de l'esprit contre une injuste contrainte". Il disait aussi que l'on juge l'état de civilisation d'une société à la façon dont elle traite ses fous. Non, les patients ne sont pas plus dangereux que vous et moi, probablement moins. L'on pourrait rappeler ce que disent la plupart des rapports sur le sujet : sur les un peu plus de 50 000 crimes et délits commis chaque année dans ce pays, 200 ont justifié une mesure d'irresponsabilité pénale, soit 0,4 % ; en revanche, les patients sont onze fois plus souvent que la population générale les victimes de crimes et cent quarante fois plus pour ce qui concerne les vols. »

Il revient à Stéphane Hessel de conclure. Remerciant les orateurs et le collectif – qui a eu l'« idée un peu folle de trouver un parrain en un vieux type qui n'en a plus pour longtemps » (rires dans la foule) –, il dit son bonheur « d'être parrain de ceux qui ensemble essayent de faire quelque chose qui est indispensable aujourd'hui, ceux qui préfèrent la légitimité à la légalité, ceux qui préfèrent les valeurs fondamentales, celles que nous avons essayé de faire pénétrer à travers le programme du Conseil national de la Résistance et que, avec Raymond Aubrac et d'autres, nous avons rappelées il y a maintenant cinq ans ».

Dans un discours improvisé, prononcé avec une belle force de conviction, il trace des pistes pour défendre « nos valeurs de Français républicains et progressistes » : « Comment vous, femmes, hommes, enfants, jeunes, qui êtes réunis dans ce site magnifique, comment vous y prendre ? » Sa réponse est simple : « C'est en créant partout des réseaux de solidarité. Il y en a un qui m'est particulièrement cher, c'est RESF, Réseau Éducation sans frontières, qui agit partout dans le pays et qui défend ceux qui ont très besoin d'être défendus – autant que ceux dont le docteur Guyader vous a parlé et qui ont en effet gravement besoin d'être défendus, autant que les enseignants dont on vous a parlé tout à l'heure qui ont besoin d'être défendus dans leurs valeurs de l'école primaire. Ce sont les sans-papiers, ce sont les immigrés, ce sont ceux qui sont venus chercher en France la possibilité de vivre alors qu'elle leur était refusée chez eux, et que nous avons le devoir d'accueillir avec intelligence, avec compréhension pour leurs problèmes et avec le désir de leur offrir un avenir. »

Il invite à lutter contre la « scandaleuse législation qui parle d'un délit de solidarité » et, martelant ses mots : « Vous seriez punissable, vous vous exposeriez à des sanctions parce que vous auriez eu l'immédiate et simple réaction devant des gens en difficulté de leur venir en aide ! Ça, c'est le type d'actions qui font douter de la responsabilité exercée par nos ministres et par notre gouvernement. Se sentent-ils encore responsables ? Je l'espère encore, mais j'en suis de moins en moins sûr… » Responsables de « ne pas faillir aux valeurs qui font de ce pays un pays particulier, un pays exemplaire, un pays qui a connu le démarrage des droits de l'homme en 1789, qui a donné naissance à l'homme qui a joué le rôle le plus important, René Cassin, dans la rédaction de la Déclaration universelle des droits de l'homme. C'est le seul texte qui a cet adjectif "universel", nous en sommes tous coresponsables » !

Dernière envolée : « Sachez que la désobéissance, la préférence donnée aux valeurs par rapport à la loi, c'est une partie de notre citoyenneté, de notre citoyenneté résistante. Résister, c'est refuser d'accepter le déshonneur, c'est continuer à s'indigner lorsque quelque chose est proposé qui n'est pas conforme à ces valeurs, qui n'est pas acceptable, qui est scandaleux. » S'adressant aux jeunes, nombreux dans l'assistance, il les avertit qu'ils « vont avoir en face d'eux un monde avec des défis qui ne peuvent être abordés utilement qu'en restant fermement attachés aux valeurs fondamentales sans lesquelles notre humanité risque de péricliter ».

Ovation. Et émotion palpable dans la foule : ces mots simples et justes ont fait mouche. Les auditeurs s'éparpillent, beaucoup se rendent au mémorial, puis on déballe le pique-nique et chacun ne rentrera chez lui qu'en fin d'après-midi. C'était une belle journée. Nous ne sommes pas prêts de l'oublier.

Opération enfumage

Personne, alors, n'aurait imaginé que Sarkozy allait remettre le couvert sur la Résistance. Pourtant, un mois plus tard, le 22 juin 2009, il réunit en grande pompe le Parlement en Congrès, sous la pourpre et les ors de Versailles. Il y prononce un discours inodore et sans saveur de quarante-trois minutes dans lequel, en vrac, il annonce le lancement d'un grand emprunt national, dénonce la burqa, lâche des généralités sur le juste équilibre de « notre savoir-faire entre le secteur public et le secteur privé », etc. Mais voilà qu'au milieu de ce bla-bla, surprise, le président évoque le programme du Conseil national de la Résistance : « Nous aimons tous notre pays. Nous partageons les mêmes valeurs fondamentales. Nous voulons que chacun ait les mêmes droits et les mêmes devoirs, que chacun se sente respecté, que chacun ait sa place dans la société. Le modèle républicain reste notre référence commune. Et nous rêvons tous de faire coïncider la logique économique avec cette exigence républicaine. Ce rêve nous vient, pourquoi ne pas le dire, du Conseil national de la Résistance, qui, dans les heures les plus sombres de notre histoire, a su rassembler toutes les forces politiques pour forger le pacte social qui allait permettre la renaissance française. Cet héritage est notre héritage commun. » Et d'insister : « Au moment même où s'impose à tous la nécessité de réguler la mondialisation et les marchés, le modèle français a de nouveau sa chance. [...] La crise a remis le modèle français à la mode. »

Dire très exactement le contraire de ce qu'on fait, invoquer des valeurs au moment même où on les piétine : on reconnaît là une de ses vieilles techniques d'enfumage, propre à brouiller les esprits. Comment en effet suspecter ce président de démanteler le programme du CNR, puisqu'il dit s'en inspirer pour son action ? Mais suffit-il de se revendiquer de ce programme pour être cru ? Oui, malheureusement : le 24 juin, le directeur du *Monde* Éric Fottorino salue cette référence dans un éditorial à la une de son journal. « Le credo politique du CNR, "à appliquer dès la libération du territoire", résonne, par certains aspects, avec celui du deuxième acte de la présidence Sarkozy. Et c'est dans cet écho que le chef de l'État a paru en phase avec le pays d'aujourd'hui. » Admirable... Et d'ajouter : « En brandissant solennellement cette référence à l'histoire dans son versant le plus glorieux – la France qui résiste et invente pour se réinventer elle-même –, en remettant à l'honneur l'emprunt populaire qui fleure bon les solidarités d'antan, M. Sarkozy a pincé la corde d'une symbolique puissante. » Certes, un doute sur la sincérité présidentielle effleure le patron du

« quotidien de référence », mais, au fond, il lui fait crédit : « La suite montrera ce qu'il y a d'illusoire ou d'opportunisme dans le verbe du président. Pour l'heure, retenons que nous avons entendu une voix revendiquant l'originalité, mais aussi la solidité du modèle français (à charge pour l'exécutif de le préserver), ce mélange de liberté individuelle et d'interventionnisme public, de protection sociale et de grands travaux dont s'entichent parfois les Anglo-Saxons, à l'image de l'hebdomadaire *The Economist*, qui écrivait récemment que "Jean-Baptiste Colbert règne à Paris". » L'enfumage, ça marche…

Mais ce n'est pas fini. Quatre mois plus tard, Sarkozy se rend dans un autre haut lieu de la Résistance, La Chapelle-en-Vercors : décidément, ça tourne à l'obsession ! En juillet 1944, ce village fut incendié et bombardé par l'armée nazie, et seize jeunes otages furent fusillés dans la cour d'une ferme. Le 12 novembre 2009, Sarkozy y prononce un grand discours sur l'« identité nationale », thème du fameux « grand débat » lancé par le ministre Éric Besson. Dans la bouche du président, on entend alors des mots très étranges : « Depuis deux cents ans, à part l'expérience sanglante de la Terreur, nul totalitarisme n'a menacé nos libertés. C'est que la culture française est irréductible au totalitarisme. » Stupéfiant ! Ainsi, l'État français de Vichy est gommé d'une simple phrase. Le régime fasciste et raciste de Pétain (1940-1944) n'a menacé les libertés de personne. La collaboration avec les nazis n'était qu'une aimable plaisanterie démocratique. Et c'est ici, sur le plateau du Vercors où des résistants ont payé de leur vie le combat antinazi, que Sarkozy vient prononcer ces mots…

Il y a comme un problème, non ? On sait Sarkozy coutumier des provocations à deux balles. On sait qu'il adore prendre la posture de celui qui fait voler en éclats les tabous et le politiquement correct. Mais là... Pareille insistance à venir fouler aux pieds les valeurs de la Résistance sur les lieux mêmes où elle s'est illustrée, qu'est-ce que cela signifie ? Pas la peine d'aller consulter le docteur Freud : il s'agit simplement d'une tactique de politicien aguerri. Quand on s'apprête à faire un mauvais coup – en l'occurrence, il s'agit de démanteler le plus rapidement possible les principaux acquis du CNR que sont la Sécurité sociale et les retraites –, on enfume. On va narguer l'adversaire sur son terrain, histoire de tester sa capacité de réaction. On lance des ballons d'essai pour voir jusqu'où aller trop loin.

Coïncidence : c'est en ce même mois de novembre que sort sur les écrans nationaux *Walter, retour en Résistance*, le film que Gilles Perret consacre à son ami Walter Bassan. On y suit Walter accompagnant des lycéens au camp de Dachau, on l'y entend rappeler le contenu et l'importance du programme du CNR, on y voit Sarkozy rire dans le cimetière des Glières ; et le film se termine sur le rassemblement organisé par le collectif au cours duquel Stéphane Hessel donne les raisons pour lesquelles invoquer aujourd'hui l'esprit de la Résistance est on ne peut plus justifié. Évidemment, le film n'a pas eu l'heur de plaire au cacique local de l'UMP, Bernard Accoyer, président de l'Assemblée nationale : « Les méthodes utilisées par Gilles Perret sont scandaleuses. Il fait un amalgame entre deux périodes qui n'ont rien à voir. » À Sarkoland, le seul qui ait le droit d'en appeler aujourd'hui à l'esprit de la Résistance, c'est le résistant Sarkozy...

10

Aujourd'hui les résistances

Citoyens résistants d'hier
et d'aujourd'hui (CRHA)

Pour nous, membres de CRHA, il n'y a pas de « petite résistance ». Nous nous situons dans le droit fil de l'appel des résistants en 2004 qui exhortait « les mouvements, partis, associations, institutions et syndicats héritiers de la Résistance à dépasser les enjeux sectoriels et à se consacrer en priorité aux causes politiques des injustices et des conflits sociaux, et non plus seulement à leurs conséquences, à définir ensemble un nouveau "programme de la Résistance" pour notre siècle ».

Bien sûr, l'association CRHA n'a pas pour but de proposer une rédaction de ce « programme de résistance du XXIe siècle », encore moins de se présenter comme un nouveau CNR ! Mais, à notre manière, nous entendons répondre à cet appel par nos rassemblements annuels au plateau des Glières, par des conférences sur la récupération de l'histoire, mais aussi par l'édition de cet ouvrage.

Pour les acteurs de la société civile que nous sommes, il s'agit de talonner en permanence les responsables politiques. Lorsque la présidence de Nicolas Sarkozy tourne à l'omniprésidence, lorsque le pouvoir se met au service d'intérêts privés au détriment du bien de tous, lorsque des dérives antirépublicaines sont constatées, lorsque les libertés publiques et les droits de l'homme sont menacés.

Il s'agit aussi d'appeler les simples citoyens et les responsables politiques à bâtir un projet de société, une « utopie réaliste » de notre temps. Et ce, en tenant compte des leçons du passé et, notamment, de l'esprit qui présida à la rédaction des *Jours heureux*.

Certes, depuis 1944 de l'eau a coulé sous les ponts. Le monde a changé, et pas qu'un peu. Il s'est mondialisé : on ne peut plus, comme les résistants d'hier, avoir une vision centrée uniquement sur la France. Mais on ne peut pas, comme le pouvoir du jour, justifier tous les renoncements, tous les démantèlements, par la mondialisation et la nécessité qui ferait loi d'assurer la « compétitivité » de l'« entreprise France ». La France n'est pas une entreprise. Les Français ne sont pas des employés dont il faut supprimer les droits pour les aligner sur les plus corvéables à merci de la planète. Renforcer les inégalités, défendre les avantages acquis d'une infime minorité de privilégiés (ceux que protège, entre autres, le bouclier fiscal) au détriment d'une immense majorité de moins en moins protégée : cela n'est pas notre tasse de thé. Paupériser une partie des Français ne nous semble pas le meilleur des programmes politiques. C'est au contraire sur la progression des plus pauvres vers une vie meilleure qu'il faut insister. La solidarité, c'est la priorité donnée aux « sans » – sans-travail, sans-logement, sans-droits, sans-papiers...

Pourquoi s'ouvrir au monde entraînerait-il un recul collectif ? Pourquoi faudrait-il abandonner le « modèle social français » et les valeurs de solidarité qui le fondent ? Par quelle fausse vision comptable veut-on nous faire avaler ça ? Le krach planétaire n'a-t-il pas démontré au contraire qu'une société solidaire, avec des travailleurs bénéficiant d'une bonne protection sociale, d'une vraie Sécurité sociale, résiste mieux que d'autres aux turpitudes de la haute finance ?

Plutôt que de seulement défendre le « modèle social », réinventons-le, actualisons-le, renforçons-le ! Pour cela, il faudra du courage politique. Et rendre de nouveau visibles les enjeux de société, en permanence masqués par de multiples couches de communication. En 1944, on appelait ça de la propagande : elle était massive, omniprésente, écrasante ; pourtant les résistants de l'époque ont su y résister, c'est le cas de le dire, pour rédiger un projet de société tourné vers l'avenir et le bien-être collectif.

À vrai dire, force nous est de constater que le programme du CNR est d'une actualité criante. Où est aujourd'hui la séparation de la presse et des pouvoirs d'argent ? Où sont les garde-fous nous protégeant des folies spéculatives, lorsqu'on voit la manière dont les banques privées se sont comportées dans l'espace de liberté qui leur a été offert ces dernières années ? Où en est le droit au travail pour tous ? Qu'est devenu le droit aux soins de qualité pour tous ? Et quant à l'instauration d'une « véritable démocratie économique et sociale, impliquant l'éviction des grandes féodalités économiques et financières de la direction de l'économie »...

En relisant attentivement le programme des *Jours heureux*, ce qui frappe, c'est qu'il ne semble pas être très difficile de le transposer à notre époque. Et cela s'explique facilement : l'ensemble de ce programme était construit autour de valeurs : égalité, solidarité, liberté et fraternité, les valeurs et principes de la République en somme. Des principes qui ne sont pas restés seulement accrochés aux frontons des mairies à la Libération, mais qui ont été transposés dans la vie de la société, à travers des lois et des ordonnances pour qu'ils deviennent effectifs. Nous continuons de penser que ces principes défendus par le programme du CNR ne sont pas seulement liés à la période de l'Occupation, contrairement à ce que veulent nous faire croire nos dirigeants. Ces dirigeants qui savent si bien plonger l'histoire de la Résistance dans du formol. Eux qui sont si prompts à se mettre en scène sur les hauts lieux de la Résistance, prompts à en rappeler les faits d'armes, mais particulièrement silencieux lorsqu'il s'agit de rappeler le projet de société qui était porté massivement par ces résistants.

Pour nous, il y a urgence à mettre au jour les convictions qui donnèrent vie à la Résistance d'hier, à les sortir de la cloche sous laquelle on veut les enfermer. Il y a urgence à rappeler que toute notre histoire sociale et politique s'inscrit dans la continuité de la Révolution de 1789.

Alors faut-il entrer aujourd'hui en résistance ? Formulé ainsi, cela peut paraître présomptueux. Nos « anciens » (c'étaient alors, ne l'oublions jamais, de tout jeunes gens) ont dû le faire sous de terribles contraintes, au péril de leur vie, sous un régime fasciste et de collaboration avec l'envahisseur, alors que tout semblait perdu. Nous sommes loin aujourd'hui de ce contexte et pourtant, comme le dit Stéphane Hessel, « la résistance, nous en avons plus que jamais besoin aujourd'hui ».

Au début des années 1940, l'oppression était particulièrement brutale. Y résister était, comme l'établit l'article 2 de la Déclaration des droits de l'homme et du citoyen de 1789, un droit naturel et imprescriptible. En ce début des années 2010, l'oppression prend des formes heureusement moins violentes, mais plus insidieuses ; il faut d'autant plus y résister.

Si résister, c'est « savoir garder sa capacité d'indignation » et, toujours, « privilégier la légitimité face à la légalité », alors, face à l'entreprise de démolition sociale entreprise par le capitalisme ultralibéral et ses servants politiques, nous pouvons légitimement user de ce terme. Tout comme peuvent le faire bon nombre de mouvements ou d'associations – dont on trouvera une liste en annexe –, qui mènent leurs actions sans attendre ni la superstructure qui les chapeauterait toutes ni l'échéance électorale qui résoudrait tout...

À CRHA, comme dans beaucoup de ces mouvements, nous tenons à rompre avec le fatalisme ambiant qui rend acceptable l'inacceptable. Nous tenons à le répéter sans relâche : ce qui était possible il y a soixante-cinq ans, alors que la France était ruinée, l'est encore aujourd'hui. Comment est-il possible qu'il soit communément admis que le système des retraites par répartition n'est plus tenable actuellement ? Comment est-il possible qu'il soit communément admis que la Sécurité sociale n'est plus viable, alors que la France n'a cessé de s'enrichir depuis sa création ?

Pour rompre avec ce consentement, il faut accepter de poser la question de la répartition des richesses. Bien sûr, nous l'avons noté : on ne peut plus aujourd'hui, comme en 1944, rêver du partage d'un gâteau qui ne cesserait de s'agrandir et dont il conviendrait que l'État, un État qui serait juste et impartial, distribue équitablement les parts. La société industrielle a touché ses limites, avec son productivisme aveugle et destructeur : le réchauffement climatique, l'effondrement de la biodiversité, l'épuisement des ressources naturelles, les multiples pollutions et nuisances ont changé la donne. Au lieu de s'agrandir, le gâteau est en train de rétrécir. Le rêve de croissance infinie a du plomb dans l'aile et le mode de vie que, main dans la main, multinationales et gouvernements continuent de nous poser en modèle n'est pas vraiment généralisable aux 6 milliards d'humains... C'est aussi cette proximité inquiétante et très actuelle entre l'État et les « féodalités économiques », nous emmenant de concert dans une fuite en avant technocratique, qu'il faudra remettre en cause. Voilà de quoi poser autrement la question de savoir ce que signifie « vivre ensemble ». Cela paraît insurmontable ? En 1944 aussi, nombre de choses paraissaient insurmontables...

Aujourd'hui, il ne s'agit plus de rester dans la seule réaction face au bulldozer du capitalisme et de ses instruments politiques, il faut aussi construire l'avenir. Tout comme le faisait le programme du CNR, avec sa seconde partie. Cette construction passera, entre autres, par des partis politiques courageux, revigorés par des citoyens toujours en éveil, et des syndicats actifs.

Alors, soyons optimistes et ambitieux. Rappelons-le une dernière fois, il s'agit aujourd'hui, comme lors de la publication du programme du CNR, de ne pas céder aux sirènes de l'« attentisme » : la résistance n'appartient pas au passé.

Annexe

Ceux qui ne baissent pas les bras

Citoyens résistants d'hier et d'aujourd'hui (CRHA)

Dans tous les domaines, des citoyens s'associent, s'activent, résistent ensemble et, le plus étonnant, c'est qu'ils obtiennent des résultats ! Sans doute, les collectifs, associations, sites et blogs dont la liste suit – fatalement non exhaustive (mille excuses aux « oubliés », trop nombreux pour tenir dans la limite de ces pages) – ne suffiront pas à eux seuls à stopper définitivement le démantèlement en cours du programme du CNR, mais ils jouent aujourd'hui un rôle décisif pour inverser le rapport de forces sur les terrains de l'emploi, du partage des richesses, du service public, des lois sur la presse, des libertés publiques, du pillage des ressources naturelles, etc.

Bien sûr, c'est aussi en constituant des forces organisées – et d'abord en prenant conscience de cette nécessité de les constituer – que nous pourrons obtenir les transformations politiques et sociales de nos vœux : il est évidemment urgent de revivifier les grandes organisations que sont partis politiques et syndicats. Mais, dans ce combat, la mobilisation citoyenne, souvent ciblée sur des objectifs précis, est sans conteste devenue un axe essentiel : ses promoteurs retrouvent aujourd'hui – sans toujours en être conscients – les élans novateurs qui animaient les jeunes rédacteurs des *Jours heureux*. Avec l'efficacité que l'on sait, même si les animateurs des collectifs militants d'aujourd'hui sont aussi minoritaires que leurs anciens l'étaient hier...

C'est pourquoi nous présentons ici brièvement certains de ces collectifs, pour beaucoup créés dans les années 1990 et 2000 (et qui s'appuient efficacement sur la puissance d'Internet), afin de montrer que nombreux sont les simples citoyens qui multiplient les résistances et les initiatives dans des domaines très divers, trop souvent négligés par les partis et syndicats. Et pour inciter les lecteurs de ce livre à les rejoindre – ou tous ceux avec qui nous nous sentons solidaires et que nous n'avons pu citer.

Chômage

› AC ! Agir ensemble contre le chômage : <www.agirensemblecontrelechomage.org>.

C'est en octobre 1993 qu'a été lancé par 150 syndicalistes, responsables associatifs, chercheurs et d'autres personnes le premier appel « pour en finir avec la résignation et l'exclusion, pour une autre répartition du temps de travail et des richesses, pour créer des emplois, changer de logique ». Au fil des années, AC est devenu un réseau de réseaux, avec lieux d'information et d'entraide, actions symboliques (occupations, réquisitions d'emplois), manifestations, états généraux, etc.

Droits de l'homme

› AMNESTY INTERNATIONAL : <www.amnesty.fr>.

Indépendant de tout gouvernement, de toute puissance économique, de toute tendance politique ou croyance religieuse, Amnesty International est un mouvement mondial composé de bénévoles qui œuvrent en faveur du respect des droits de l'être humain internationalement reconnus. La vision d'Amnesty International est celle d'un monde où chacun peut se prévaloir de tous les droits énoncés dans la Déclaration universelle des droits de l'homme et d'autres textes internationaux relatifs aux droits humains.

› LIGUE DES DROITS DE L'HOMME (LDH) : <www.ldh-france.org>.

L'intitulé complet de la LDH est « Ligue française pour la défense des droits de l'homme et du citoyen ». Autrement dit, elle ne veut ni opposer ni séparer les droits personnels de l'homme et les droits politiques et sociaux des citoyens. La LDH est sur tous les fronts : défense des droits sociaux, respect de la vie privée, lutte contre les discriminations, le racisme et l'antisémitisme, défense des libertés publiques...

Éducation nationale

› RÉSISTANCE PÉDAGOGIQUE : <www.resistancepedagogique.org>.

Ce mouvement s'est constitué suite à la lettre « En conscience je refuse d'obéir », envoyée par l'enseignant Alain Refalo en novembre 2008 à son inspecteur d'académie. Très vite, près de 3 000 enseignants l'ont rejoint pour s'opposer, y compris par la désobéissance, aux « réformes structurelles et pédagogiques qui déconstruisent l'école publique ». Dans le même temps, ils proposent et mettent en œuvre des dispositifs pédagogiques qui vont dans le sens du respect, de la coopération et du progrès.

Humour

› Brigade activiste des clowns (BAC) : <www.brigadeclowns.org>.

Dénoncer l'absurde par l'absurde, évoquer des questions politiques en organisant des manifs ou des actions bouffonnes : par exemple ériger un « sarkophage » devant le siège du groupe nucléaire Areva, nettoyer au Kärcher la mairie de Neuilly, organiser un contre-défilé du 14-Juillet. Munis de leur nez rouge et de leurs « armes de dérision massive », les clowns scandent : « Que les choses soient claires : on aime le système et les forces de l'ordre sont nos amies ! »

› Sauvons les riches : <www.sauvonslesriches.fr>.

« Au Rotary, j'ai vraiment pas d'amis ! », « Je crois au paradis, j'y ai tout mis ». À coups de slogans idiots et d'actions admirables (remise d'un « diplôme de fils à papa » à Jean Sarkozy), le collectif, qui a fait son apparition en mars 2009, interpelle à sa manière nos amis les riches, accros à un mode de vie destructeur, non généralisable et tellement triste. Et réclame un revenu maximal autorisé européen, de l'ordre de trente fois le revenu médian, au-delà duquel les revenus seraient massivement imposés.

Flicage, vidéosurveillance et « nécrotechnologies »

› Pièces et main-d'œuvre (PMO) : <www.piecesetmaindœuvre.com>.

Cet atelier grenoblois créé en 2002 est le premier en France à alerter sur les risques des nanotechnologies, mais aussi sur le monde orwellien vers lequel elles nous entraînent. Sur son site Internet, il multiplie les enquêtes, révélant les liens entre recherche civile et militaire, publique et privée. À l'origine de multiples actions drolatiques (des visites guidées en car des sites « nécrotechnologiques ») ou spectaculaires (l'occupation d'une grue du chantier Minatec sous la banderole « On arrête tout »), PMO est aussi l'initiateur de la première manifestation nationale d'envergure contre les nanotechnologies, lors de l'inauguration de Minatec le 1er juin 2006.

› BIG BROTHERS AWARDS : <www.bigbrotherawards.eu.org>.

« Mais qui surveillera les surveillants ? » La célèbre phrase du poète latin Juvénal n'a sans doute jamais été autant d'actualité que dans nos sociétés, où le perfectionnement rapide des technologies de surveillance s'accompagne de menaces inédites sur nos libertés. L'équipe des « Big Brothers Awards » décerne chaque année des « prix Orwell » aux ministres, élus locaux, institutions, grands patrons ou petits chefs s'étant distingués par leur action en faveur de la restriction des libertés publiques, du fichage de la population, de la généralisation de la biométrie ou de la surveillance des salariés.

› SOURIEZ VOUS ÊTES FILMÉS : <www.souriez.info>.

« Souriez vous êtes filmés » est depuis 1995 un collectif de personnes désireuses de ne pas sombrer dans une société de technologie répressive et de proposer des alternatives militantes festives. L'association s'est donné comme but le retrait des caméras de vidéosurveillance, elle entend être un lieu de regroupement humain pour débattre de la société dans laquelle nous souhaitons vivre. Son combat politique et culturel est pluriel, elle œuvre avec des associations comme AC ! ou comme le RATP (Réseau pour l'abolition des transports payants).

Information

› ACRIMED : <www.acrimed.org>.

Action-CRItique-MEDias : cet « observatoire des médias » réunit des « usagers » de la presse, des journalistes, des chercheurs. Née du mouvement social de 1995, dans la foulée de l'appel avec les grévistes, cette association publie régulièrement des articles, intransigeants, sur son site Web.

› *CQFD* : <http ://cequilfautdetruire.org>.

Fabriqué à Marseille depuis 2003 par des chômeurs, des énervés, des antimilitaristes, des réfractaires et des dessinateurs méchants, le mensuel de critique sociale *CQFD* (ce qu'il faut détruire, dire, développer) parle des prisons, de la pauvreté, de la critique des médias, des mouvements sociaux, etc. En 2006, il a lancé les éditions Le Chien rouge, qui ont publié, entre autres, le *Manifeste des chômeurs heureux*.

› FAKIR : <www.fakirpresse.info>.

Aujourd'hui trimestriel et diffusé dans toute la France, *Fakir* a pris son envol à Amiens, en 2000. Il n'est lié à aucun parti, aucun syndicat, aucune institution. Il est fâché avec tout le monde, ou presque.

› LÀ-BAS SI J'Y SUIS : <www.la-bas.org>.

Sur ce site se trouvent les archives « non officielles » (depuis 2002) de « Là-bas si j'y suis », l'émission de Daniel Mermet (reportages, interviews, rires, oxygène) diffusée quotidiennement sur France Inter, qu'on peut écouter ou télécharger en ligne ; ainsi que les adresses des cafés repaires, les bouquins recommandés par l'équipe, etc.

› Rezo : <http ://rezo.net>.

Lancé en 1999, Rezo laisse chaque jour entrer sur son « petit portail en bois modeste et génial » des infos pêchées un peu partout, notamment sur des sites amis : d'où une revue de presse quotidienne utile, de combat et de qualité.

Publicité, paysage

› Collectif des déboulonneurs : <www.deboulonneurs.org>.

Créé en 2005 en région parisienne, le Collectif des déboulonneurs lance une action d'envergure nationale contre le système publicitaire. Il souhaite l'ouverture d'un débat national sur la place de la publicité dans l'espace public et la réforme de la loi de 1979 encadrant l'affichage publicitaire. Il demande qu'un nouveau droit du citoyen soit enfin reconnu : la liberté de réception. Corollaire de la liberté d'expression, chacun doit être libre de recevoir ou non les messages diffusés dans l'espace public.

› Paysages de France : <www.paysagesdefrance.org>.

Créée en 1992, l'association a pour objet de protéger, réhabiliter et valoriser les paysages urbains et non urbains. Pour ce faire, elle lutte contre toutes les atteintes au paysage et au cadre de vie et contre toutes les formes de pollution, notamment visuelle (comme les panneaux de pub illégaux), dans les paysages urbains et non urbains, y compris maritimes et aériens. Elle veille au strict respect de l'ensemble des textes législatifs et réglementaires qui concernent la protection et la défense des paysages, ou y contribuent.

› Les Casseurs de pub : <www.casseursdepub.org>.

« Sommes-nous des "casseurs", des gens "pas bien dans leur tête", comme s'emploient à le faire croire les publicitaires ? Non, bien sûr. » Au contraire, disent les Casseurs de pub, nous menons un combat non violent fondé sur l'argumentation. Si nous sommes des casseurs de pub, c'est parce que la pub est une machine à casser la nature, l'humain, la société, la démocratie, la liberté de la presse, la culture et les cultures, l'économie ou encore l'éducation, mais aussi le verbe et le symbolique.

› Résistance à l'agression publicitaire : <www.antipub.org>.

Déverser régulièrement des montagnes de prospectus publicitaires sur la voie publique pour faire prendre conscience de la folle invasion de la pub ; batailler contre l'affichage publicitaire envahissant, notamment sur les murs des écoles ; intenter des actions en justice pour stopper l'arrivée des écrans-espions dans le métro, etc. : depuis 1992, RAP mène des contre-offensives tous azimuts contre la pub.

Mal-logement, sans-domicile

› Droit au logement (DAL) : <www.droitaulogement.org>.

Créé en 1990 par des familles mal logées et des militants associatifs de quartier, le DAL organise des actions collectives non violentes visant à établir un rapport de forces favorable aux exclus du logement. Au fil des années et des actions spectaculaires et médiatiques, ce sont des milliers de familles qu'il a permis de reloger. À son actif aussi, des améliorations législatives et une meilleure prise en compte de l'exclusion par le logement dans les politiques publiques.

› Jeudi noir : <www.jeudi-noir.org>.

Le collectif « Jeudi noir » a été créé en 2006 par des militants de Génération précaire (en lutte contre les stages comme emplois déguisés) pour s'attaquer au mal-logement en général et à la flambée des prix des loyers en particulier. Leur méthode : piéger joyeusement devant les caméras des propriétaires aux loyers exorbitants, squatter à grand tapage médiatique, et montrer qu'« on peut être un citoyen actif et prendre du plaisir ».

› Les Enfants de Don Quichotte : <www.lesenfantsdedonquichotte.com>.

Depuis sa création en octobre 2006, l'association des Enfants de Don Quichotte s'est investie dans la défense des droits des mal-logés et, plus largement, dans la défense du droit à une vie digne et décente pour chacun. On se souvient de leur installation sauvage de tentes pour SDF sur les berges du canal Saint-Martin, à Paris, l'hiver 2006-2007. Agissant à la fois pour et avec les personnes dont les conditions d'existence sont indécentes, ils travaillent aussi avec les associations représentant ou venant en aide à ces mêmes personnes.

Nucléaire

› CRIIRAD : <www.criirad.org>.

Créée en 1986 juste après l'accident nucléaire de Tchernobyl et son fameux nuage censé s'être arrêté aux frontières françaises, la Commission de recherche et d'information indépendante sur la radioactivité, un rien méfiante envers le discours officiel des nucléocrates, conduit études et analyses indépendantes sur la radioactivité, notamment celle à laquelle nous avons droit grâce au parc nucléaire français, le plus beau du monde ! Elle a une structure bénévole d'environ 4 000 adhérents et une douzaine de salariés.

› Réseau sortir du nucléaire : <www.sortirdunucleaire.org>.

Sortir du nucléaire, c'est possible ! Le nucléaire n'est pas le seul moyen de produire de l'électricité. Il est urgent de développer des alternatives énergétiques. Et puis, avons-nous besoin de consommer autant d'électricité pour bien vivre ? Créé en 1997, ce réseau rassemble les citoyens et les associations – il fédère plus de 840 organisations – qui veulent sortir du nucléaire.

OGM

› Combat Monsanto : <www.combat-monsanto.org>.

Pour que le monde de Monsanto ne soit jamais le nôtre, ce collectif d'associations se mobilise pour mutualiser les informations et documents sur le leader mondial des OGM, qui cherche à les imposer aux paysans et aux consommateurs du monde entier. « Combat Monsanto » assure aussi la coordination et la mise en place de campagnes visant à dénoncer et faire condamner certaines de ses pratiques, qui violent cyniquement les droits les plus élémentaires des individus (santé, libertés fondamentales).

› Les faucheurs volontaires : <www.monde-solidaire.org>.

Comme le précise la charte des Faucheurs volontaires, dans l'état de nécessité face à l'invasion des OGM, faucher des plants génétiquement modifiés constitue le dernier recours pour que la démocratie reste une réalité. C'est l'impuissance politique et un État qui protège des intérêts privés au détriment de l'intérêt général qui ont fait entrer les faucheurs en résistance pour refuser la fatalité. Car désobéir. « c'est d'abord la défense des principes fondateurs de la démocratie : liberté, égalité, fraternité [1] ».

› Inf'OGM : <www.infogm.org>.

Cette association de « veille citoyenne d'informations », reconnue d'intérêt général, a été créée en 1999. Elle décrypte l'actualité mondiale sur les OGM et les biotechnologies à travers ses sites Web et ses publications. Sa mission est de « permettre et nourrir le débat démocratique par une information critique, indépendante et accessible à tous ».

---

1 José Bové et Gilles Luneau, *Pour la désobéissance civique*, La Découverte, Paris, 2004.

Sans-papiers

› Réseau Éducation sans frontières (RESF) : <www.educationsansfrontieres.org>.

L'action de RESF (créé en juin 2004) a mis à mal l'image fantasmatique du clandestin. Des citoyens se mobilisent sur les lieux des rafles ou des contrôles, chaque tentative d'expulsion déclenche des réactions de soutien dans les écoles et les quartiers, les parrainages d'enfants ou de familles sont nombreux. Certains policiers n'hésitent plus à exprimer leur malaise et des voix de plus en plus nombreuses s'élèvent pour condamner cette volonté de faire de l'immigration un terrain d'action électoral et politique, pour dénoncer cette politique inhumaine aux relents nationalistes et xénophobes.

› Les Cercles de silence : <www.cercledesilence.info>.

Protester contre l'enfermement des étrangers sans papiers dans les centres de rétention administrative, s'élever contre ces atteintes à la dignité, alerter en se réunissant à date régulière dans un centre-ville, sur une place, et y faire cercle durant une heure, immobiles, dignes, silencieux : initiés par les frères franciscains de Toulouse en 2007, les Cercles de silence, ouverts à tous, se sont multipliés partout (on en recensait une centaine en 2009).

› Cimade : <www.cimade.org>.

Créée en octobre 1939, la Cimade a pour but de manifester une solidarité active avec ceux qui souffrent, qui sont opprimés et exploités et d'assurer leur défense, quelles que soient leur nationalité, leur position politique ou religieuse. Chaque année, la Cimade accueille et accompagne plusieurs dizaines de milliers de migrants et de demandeurs d'asile dans ses permanences. La Cimade contribue à leur insertion par l'organisation de formations spécifiques. Elle héberge également près de 200 personnes par an dans ses deux centres d'accueil de Béziers et de Massy.

› Groupement d'information et de soutien aux immigrés (GISTI) : <www.gisti.org>.

Le GISTI est une association spécialiste du droit des étrangers. Pour mettre son savoir à la disposition de ceux qui en ont besoin, il tient des permanences juridiques gratuites, édite des publications et organise des formations. À chaque compétence du GISTI correspond un contact particulier.

Santé

› Association des médecins urgentistes de France (AMUF) : <www.amuf.fr>.

« Nous, médecins urgentistes de toute la France, annonçons dès maintenant que, quel que soit l'avenir de la loi HPST [loi "Hôpital, patients, santé, territoires", adoptée en juin 2009], en parfaite conscience de la gravité de notre geste, demain nous entrerons en résistance. Nous continuerons à accomplir la mission que le Conseil national de la Résistance a souhaitée pour l'hôpital public. Nous accueillerons à l'hôpital public, en tous temps, en tous lieux, tous les hommes et toutes les femmes qui se tourneront vers le service public de la santé. Aucun patient n'est une marchandise, nos hôpitaux ne sont pas des entreprises où un pseudo-P-DG pourra demain décider quels sont les bons et les mauvais soins, quel est le projet médical que les médecins "à la botte" devront mettre en œuvre.. »

› Coordination nationale des comités de défense des hôpitaux et maternités de proximité <www.coordination-nationale.org>

« Partout en France, les hôpitaux publics, de l'hôpital de proximité au centre hospitalier universitaire, sont confrontés à une même situation : étranglement financier, fermetures de lits et de services, licenciements dont les annonces tombent quotidiennement, restructurations à marche forcée, personnels surchargés et en nombre de plus en plus insuffisant, dégradation des conditions de travail de tous les professionnels... Ce qui retombe évidemment sur les usagers de l'hôpital, dont les conditions d'accueil se dégradent malgré la bonne volonté des personnels. De fait, ce sont la qualité et l'accès aux soins pour toutes et tous qui sont remis en cause ! Toute la population en pâtit ! Aujourd'hui, de nombreuses voix s'élèvent pour dénoncer cette politique destructrice... »

› COLLECTIF DES 39 CONTRE LA NUIT SÉCURITAIRE : <www.collectifpsychiatrie.fr>.

« Depuis plusieurs mois, un mouvement se construit au sein de la psychiatrie. Pour sa part, le collectif des 39 [créé au printemps 2009] a élargi son action au-delà de la condamnation du discours sécuritaire. Lors des nombreux forums et rencontres organisés, nous avons pu constater la présence d'un engagement fort au sein des personnes confrontées au soin psychique, ainsi qu'une importante volonté de résistance. »

› COLLECTIF INTERASSOCIATIF SUR LA SANTÉ (CISS) : <www.leciss.org>.

Créé en 1996 sous l'impulsion de la « militance VIH », le CISS regroupe trente-trois associations de malades (Aides, AFM, SOS hépatites...) et s'est fixé pour mission de défendre les usagers du système de santé. Relayé par vingt et un CISS régionaux, il tient une permanence d'information téléphonique, Santé Info Droits (08 10 00 43 33/01 53 62 40 30) et mène des campagnes revendicatives. Après avoir obtenu que siègent des représentants des usagers dans les conseils d'administration des hôpitaux (loi du 4 mars 2002 sur le droit des malades), il réclame aujourd'hui l'équivalent dans les futures Agences régionales de santé (ARS). En 2008, il a mené une action pour dénoncer l'envolée des dépassements d'honoraires et a été en première ligne pour s'insurger contre la volonté des organismes complémentaires (assurances, mutuelles, institutions de prévoyance) d'accéder aux données de santé des assurés sociaux. Le 16 novembre 2009, le collectif a lancé une campagne pour le sauvetage de l'assurance-maladie solidaire, invitant les Français à répondre à un questionnaire sur Internet sous le logo « Santé solidaire en danger ».

› UNION NATIONALE DES GROUPEMENTS MUTUALISTES SOLIDAIRES (UNGMS) : <www.ungms.fr>.

« Revenons aux valeurs de 1945, la santé est un droit. » C'est dans cet esprit que vingt-deux mutuelles réparties dans toute la France se sont regroupées dans l'UNGMS en mai 2002, avec la volonté de lutter contre le recul de la Sécurité sociale dans les remboursements et la percée des assurances privées dans la santé. L'UNGMS ne cesse d'organiser des débats pour sensibiliser à cette « marchandisation du corps humain » et interpelle régulièrement parlementaires et pouvoirs publics sur ces questions. De tous les combats (contre les franchises médicales, pour la défense des hôpitaux de proximité...), l'UNGMS se dit « résolue à se battre » en 2010 contre les dépassements d'honoraires et l'accroissement des inégalités dans l'accès à la santé.

Semences

› KOKOPELLI : <www.kokopelli.asso.fr>.

Depuis 1999, Kokopelli œuvre pour préserver la biodiversité semencière et potagère. Basée à Alès, l'association vend aux jardiniers amateurs ou institutionnels plus de 2 000 variétés de semences de plantes et variétés potagères (dont de nombreuses variétés anciennes) à cultiver et préserver de la disparition. Nombreux sont les jardiniers-semenciers qui lui envoient une partie de leur récolte afin d'aider les communautés rurales des pays pauvres. Ces semences sont une aide précieuse. En effet, les semences reproductibles sont devenues très rares, voire inexistantes, dans de nombreux pays d'Afrique, d'Asie, d'Amérique, et peu de jardiniers ont des moyens financiers suffisants pour y accéder. Il est donc urgent de les aider à retrouver cette autonomie en leur redonnant des semences de départ ni hybrides ni OGM...

› Semences paysannes : <www.semencespaysannes.org>

Ne pas utiliser les semences commerciales sélectionnées par des semenciers spécialisés (et majoritairement hybrides), mais celles qui sont sélectionnées à la ferme et n'ont aucune existence reconnue, alors que ce sont elles qui, subsistant dans les champs des paysans et chez les jardiniers, préservent l'indispensable et précieuse biodiversité... Depuis 2003, Semences paysannes est un réseau constitué d'organisations paysannes et d'agriculture biologique nationales, d'organisations spécialisées, d'artisans, de paysans, d'associations semencières (comme Kokopelli) ou pépiniéristes, d'associations de développement et d'associations de conservation de la biodiversité cultivée.

Services publics

› Comité national contre la privatisation de La Poste : <www.appelpourlaposte.rezisti.org>.

Les organisations syndicales, politiques et associatives signataires affirment que le service public postal appartient à tous les citoyens. C'est pourquoi elles demandent l'organisation d'un vrai débat public permettant l'implication des citoyens. Ils doivent pouvoir décider de l'avenir de La Poste par un référendum. Sacrifiant l'intérêt général à l'aventure spéculative, le gouvernement soutient le projet, annoncé brutalement en juillet 2009, de transformation de La Poste en société anonyme et d'ouverture de son capital.

› Convergence nationale des collectifs de défense et de développement des services publics : <www.convergence-sp.org>.

« Nous considérons que, quel que soit le niveau territorial dont ils relèvent, les services publics s'inscrivent dans les valeurs de liberté, d'égalité, de fraternité et de laïcité qui sont celles de la République. Ils doivent permettre à toutes et à tous, sur l'ensemble du territoire national, un égal accès aux services rendus, dans le respect des principes qui sont les leurs : égalité, continuité territoriale, capacité d'évolution dans la qualité du service rendu, solidarité. Ces principes fondent l'identité des services publics. »

Solidarités internationales

› Association France-Palestine Solidarité : <www.france-palestine.org>.

Fondée en 2001, elle entend rappeler l'injustice faite au peuple palestinien et fait partie du Collectif national pour une paix juste et durable entre Palestiniens et Israéliens.

› Centre de recherche et d'information pour le développement : <www.crid.asso.fr>.

Fondé en 1976, le CRID rassemble en 2010 cinquante-cinq associations de solidarité internationale françaises qui « partagent une même conception du développement humain, solidaire et durable passant par le renforcement des sociétés civiles ; travaillent en partenariat avec un réseau de 1 500 partenaires, dans les pays du Sud et de l'Europe de l'Est, engagés dans le développement de leur communauté ; mettent en œuvre des actions d'éducation au développement en France et promeuvent des campagnes citoyennes ; participent à la construction d'un "mouvement mondial de solidarité internationale" et cherchent à le déployer en France ».

› Réseau Initiative pour un autre monde (IPAM) : <www.reseau-ipam.org>.

Créé au début des années 2000 à l'initiative du Cedetim (Centre d'études et d'initiatives de solidarité internationale, lui-même créé en 1967), le Réseau IPAM réunit des associations de solidarité internationale inscrites « dans la dynamique internationale des mouvements sociaux pour un monde plus solidaire ».

› Sherpa : <www.asso-sherpa.org>.

Créée en 2001 à l'initiative de l'avocat William Bourdon, l'association Sherpa est composée de juristes qui luttent notamment contre la corruption internationale et les violations de l'environnement. Elle a, entre autres, porté plainte contre plusieurs potentats africains ayant accumulé des fortunes immobilières et bancaires en France, les « biens mal acquis ».

› Survie France : <http://survie.org>.

Créée en 1984, longtemps animée par François-Xavier Verschave, inlassable pourfendeur de la Françafrique, Survie a pour but de ramener à la raison la politique africaine de la France : vaste programme ! Campagnes, mobilisation, conférences, actions judiciaires... Elle s'est aussi fixé pour objectif la lutte contre l'impunité et la banalisation du génocide au Rwanda.

Téléphonie mobile

› Priartem : <www.priartem.fr>.

Créé en octobre 2000, Priartem (Pour une réglementation des implantations d'antennes-relais de téléphonie mobile) se bat pour une implantation des antennes-relais de téléphonie mobile respectueuse des conditions de vie et de santé de tous. Elle a été la première association, au niveau national, à faire émerger ce problème et a élargi son champ de préoccupation, en mars 2004, à l'ensemble des technologies de télécommunications sans fil, téléphones portables, WiFi, Wimax..

› ROBIN DES TOITS : <www.robindestoits.org>.

Créée en 2005, Robin des Toits dénonce les dangers sanitaires de la téléphonie mobile et des technologies dites « sans fil » (WiFi, Bluetooth, etc.). Luttant notamment pour faire retirer les WiFi des écoles, réclamant l'abaissement du seuil maximal des émissions de champs électromagnétiques, l'association a assigné à plusieurs reprises en justice des opérateurs mobiles pour empêcher l'installation d'antennes-relais.

Vélo, transport

› VÉLORUTION : <www.velorution.org>.

« Pourquoi déplacer 1 300 kg de ferraille pour transporter 50 à 100 kg d'être humain ? Pourquoi prendre un engin conçu pour 5 personnes rempli à 1,2 personne ? Pourquoi ne voit-on pas d'embouteillages dans les pubs pour bagnoles ? Pourquoi des pare-buffles quand l'animal le plus dangereux à Paris est le conducteur lui-même ? Pourquoi ne pas faire du vélo en dehors du dimanche ? Halte à la schizophrénie automobile ! Sortir du piège auto-moto demande une volonté de tous et des élus d'abord pour offrir à chacun une chance de faire du vélo hors des salles de fitness. Alors, rejoignez la vélorution ! »

Généralistes

› ATTAC : <www.france-attac.org>.

Fondée en 1998, l'Association pour la taxation des transactions financières et pour l'action citoyenne a commencé par promouvoir la taxe Tobin avant de devenir un mouvement d'éducation populaire. Conférences, réunions publiques, manifestations, nombreuses publications... Attac, qui a essaimé dans une cinquantaine de pays, a toujours le même mot d'ordre : « Il nous faut reconquérir le pouvoir que la sphère financière exerce sur tous les aspects de notre vie. »

› APPEL DES APPELS : <www.appeldesappels.org>.

Face à la multiplication de prétendues réformes aux conséquences désastreuses, l'Appel des appels, lancé en décembre 2008, prône le rassemblement des forces. Il exhorte à parler d'une seule voix pour s'opposer à la transformation de l'État en entreprise, au saccage des services publics et à la destruction de la société française et de ses valeurs. Les contributeurs – psychanalystes, enseignants, médecins, psychologues, chercheurs... – dressent un état des lieux et une analyse chacun dans son domaine. Ils s'adressent à l'ensemble des citoyens pour combattre une idéologie de la norme et de la performance.

› JEUNES EN RÉSISTANCE :
<www.jeunesenresistance.org>.

« Nous, jeunes progressistes, nous reconnaissons dans le programme défini par le Conseil national de la Résistance, mis en place au lendemain de la Seconde Guerre mondiale dans la France libérée de l'occupation nazie. Nous partageons et voulons défendre les valeurs de liberté, de solidarité et de justice qui émanent de leur programme. [...] Nous, jeunes progressistes, pensons que les attaques actuelles du gouvernement contre les mécanismes de solidarité, le code du travail, l'indépendance de la justice et des médias, les libertés publiques et le service public d'éducation nécessitent absolument une résistance énergique des forces de progrès... »

Table

CPi
BUSSIÈRE

Composition Facompo, Lisieux.
Impression réalisée par CPI Bussière
à Saint-Amand-Montrond (Cher).
Dépôt légal du 1er tirage : mars 2010.
Suite du 1er tirage (4) : juin 2010.
N° d'impression : 101787/1.
Imprimé en France